学精要 简繁篆 三体字丛书

急就篇

弟子职

小学诗

陈昌照
钟旭东
王晓帆
◎主编

李沙白◎校注

浙江智盛传媒
深圳华富小学
编订

海天出版社

图书在版编目（CIP）数据

急就篇　弟子职　小学诗 / 陈昌照，钟旭东，王晓帆主编；李沙白校注. － 深圳：海天出版社，2019.7
（《蒙学精要》简繁篆三体字丛书）
ISBN 978-7-5507-2651-2

Ⅰ. ①急… Ⅱ. ①陈… ②钟… ③王… ④李… Ⅲ. ①古汉语－启蒙读物 Ⅳ. ①H194.1

中国版本图书馆CIP数据核字（2019）第075639号

急就篇 弟子职 小学诗
JIJIUPIAN DIZIZHI XIAOXUESHI

出 品 人　聂雄前
责任编辑　杨月进
责任技编　郑　欢
装帧设计

出版发行　海天出版社
地　　址　深圳市彩田南路海天综合大厦（518033）
网　　址　www.htph.com.cn
订购电话　0755－83460239（批发）0755－83460397（邮购）
排版设计　深圳市新知文轩数码技术有限公司
印　　刷　深圳市新联美术印刷有限公司
开　　本　889 mm × 1194 mm　1/16
印　　张　9.375
字　　数　176千
版　　次　2019年7月第1版
印　　次　2019年7月第1次
定　　价　39.00元

总序

国学经典的教习与传承

"国学"，是指以儒学为主体的中华传统文化与学术，简单地说就是人学。"国学"，是中国人垂教立世之所本，立国安邦之所据，是中国人的精神价值之所在，亦可谓中国人的安生立命之学。

"国学"一词，古已有之。《周礼·春官宗伯·乐师》言："乐师掌国学之政，以教国子小舞。"《礼记·学记》曰："玉不琢，不成器；人不学，不知道。是故古之王者，建国君民，教学为先。……古之教者，家有塾，党有庠，术有序，国有学。"因此，自古以来，统治者治理国家，首重教育。学制和课程也十分明确，《周礼·地官司徒》说："以乡三物教万民而宾兴之：一曰六德，知、仁、圣、义、忠、和；二曰六行，孝、友、睦、姻、任、恤；三曰六艺，礼、乐、射、御、书、数。"教学内容十分广博，涵盖"德""行""艺"三大方面。根据郑玄注，其中"五礼"为典章制度；"六乐"指音乐舞蹈和诗歌；"五射""五驭"则是军事内容；"六书"大致相当于语文。用今天的话来说，"九数"则包含经济学、数学、天文历法三者了。

古之学校教育，首重立德树人。"六德""六行"教育，绝非空洞的说教。古代的教育，首先围绕着培育"士"而展开，做一名"士"，除了良好的道德，还必须精通"六艺"。学到一定程度后，还必须"出就外傅"，游学社会，拜师学艺，以开阔眼界，增长才干。《礼记·学记》云："比年入学，中年考校。一年视离经辨志，三年视敬业乐群，五年视博习亲师，七年视论学取友，谓之小成；九年知类通达，强立而不反，谓之大成。"由此可见，此时"国学"之意，相当于汉代的"太学"。此后朝代更替，"国学"的性质和作用也有所变化。

然而，真正把"国学"作为一门统揽中国学术的概念提出来，则是在西学东渐，我国社会和学术文化处于空前转型的清末民初。19世纪国门被打开后，面对西学和"欧化主义"的刺激，"国学"相对"西学""新学""洋学"而成为一个专有名词，学界从世界文化格局中反思和重识本国文化，发出了复兴"国学"的倡议，五四时期也提出了整理

1

"国故"、保存"国粹"的呼声。因此，"国学"就狭义来说，主要是指四书五经和诸子百家的经典或是经、史、子、集"四部"之学。普遍意义而言，国学可分为：物质层面，如饮食、服饰等；技术层面，如武术、中医等；制度层面，如历代典章制度；精神层面，如道德伦理标准、价值观等。一共四个层面。内容林林总总，相当庞杂，内涵却十分丰富，是中国传统学术文化之总称。

传统学术文化源于伏羲画卦，源自《易经》，一源三流，以儒、道、释三家为主体，是所谓"易贯儒道禅，道统天地人"。中国传统文化源远流长，博大精深，充满智慧，具有人类普适价值。神农氏至今有9000年，从黄帝开始算起是5000年的文明史，文字、历法、衣冠、音乐、医学都出现了，所以黄帝是人文初祖。从周公开始整理周以前的中国文化，是至今3000年有文献可以考证的历史。孔子第二次整理周以前的文化，删诗书、定礼乐、序《周易》、作《春秋》，集中国文化之大成。孔子根据当时能看到的、确切可信的史料，修订了中国第一部编年史——《春秋》，至今是2500多年。如从12000年前的伏羲氏往前推是钻木取火的燧人氏、树上搭窝的有巢氏，再往前就是开天辟地的盘古氏了。中华民族历史悠久，所以，中国传统文化再从先秦、汉唐、宋元明清到当代，真可谓"自从盘古开天地，三皇五帝到如今"，所来有自，源远流长！为了让大家明本知源，学有大宗，我一直强调国学经典（主要为十三经）是国学之本。"问渠那得清如许，为有源头活水来。"

国学经典是往圣先贤最高智慧的结晶，更是中华文化生生不息的源泉和中华民族精神命脉的载体，具有永恒的魅力和价值，在数千年的文明进程中产生了深远的影响。作为一个中国人，我们没有理由不深入地了解自己祖国的传统文化。怎样复兴中国传统文化，重新确立国学的权威性，这是摆在国人面前的一个重大课题。传承和弘扬传统文化是我们炎黄子孙应承担的历史使命！

传承从哪里开始？蒙学。古人认为，蒙养教育最根本的是"养正"教育，《易经》里说："蒙以养正，圣功也。"即使是孔子的学生，也不离"道德学问"。《论语》记载孔子为学生开设"文、行、忠、信"四门课程，其中三门都属于道德教育的范畴。在传统教育中，知识的传授可以暂缓，道德观念一定要首先确立起来，所以才强调"首孝悌，次见闻"。人正确，世界才能正确；人美好，世界才能美好！

蒙学的主要任务有：识字（不仅要认得字，还要知字源），洒扫应对进退，学蒙学经典。蒙学的《三字经》《百家姓》《千字文》共有2250个"不二字"，其中2000个左右都是常用字。蒙学不只学"三百千"，还学《声律启蒙》和《千家诗》《性理字训》《五字鉴》等，识字量达到4000字上下。古代的教育，识字问题主要在蒙馆解决。现代脑神经科学研究表明：学英语主要用左脑（逻辑），学中文主要用右脑（形象）。所以，如果要尊重儿童，那么中国儿童应在6岁前完成识字，而西方儿童应在6岁后识字。这是因为汉字是象形表意的复脑文字，可左右脑同时开发，而西方文字是抽象的拼音文字，必须要有一定的理解能力以后才可开始识字。中国古代儿童识字的方法是吟诵、指读、背诵和训诂。对于古代儿童而言，读书真是一场乐趣无穷的游戏！这里面有唱歌、画画、有故事游戏，而写字，一般是6—8岁以后的事。为什么幼儿不写字？因为他的大脑神经还没有完全发育好。写字是很精细的活动，幼儿还不能很好地控制他的胳膊和手指。即使开笔了，也是先用粗笔写大字。

识字之后才读经典，读经要"详训诂，明句读"，要适当讲解。学馆先生从授书、背书，再到复讲，这样就算完成了一次课堂教学。然后再次授书。学生以自学为主，老师只点拨引导。除了授课，还有复习、会讲和考试。除了读书，习字、作文、唱歌、学医、弹琴、游戏、武术、农耕等也尽可能因材施教。古代教育，小学的教学目标宗旨就是培养正知正见，达到这一目的的主要方式是培养"力行"。古代小学教育，是要他知道怎样奉事父母，怎样友爱兄弟，洒扫应对、奉事长上、勤劳节俭、严谨诚信，都是从这时候培养的。以前的儿童，主要就其日常生活接触到的"知之浅而行之小者"的"眼前事"进行教育训导。在我国传统家训、处世箴言和蒙学读物中更是对那些未"冠"子弟的行为习惯规定得具体详尽，具有极强的可操作性。

一般10多岁以后，为官学时期，学生要去县学、府学继续学习，学习的内容主要是学习四书五经，也包括琴棋书画、诗词文赋和其他典籍等内容。学成以后，或"学而优则仕"，或游学天下——读万卷书，行万里路，去游历名山大川，去拜访各地先贤师长，了解国计民生，了解社会，了解官场，为"出仕"与"立身"做准备。做不了官，就做老师，也可行道布道。不为良相，便为良医，也可以做别的，一样修身齐家。古人70岁致仕，回家养老。作为乡贤长老，或以身作则，或著书立说，或兴学讲学，发挥余热，继续社会事业，成为乡村社会自治的中坚力量。

国学不仅含有崇高的义理，并且具有切身实用的为人处世的各种方法，也具有明条理、辨次序及致知力行的现代科学精神。国学，是华夏文明的根基，是炎黄儿女的魂魄。悠悠千载，经史子集中包含了历代先贤于天人之际的思考，也蕴藏着兴衰隆替的智慧。在经济全球化、文化多样化、互联网影响广泛而深刻的今天，伴随着时代的转型，中国社会的思想道德出现了许多失范现象，社会上一些不良的文化和心态，对少年儿童健康成长造成了不容忽视的影响。幼儿与少年是学习的黄金期，处于可塑性最强的年龄阶段，是形成人格及人的基本素质的关键时期。在这段时间开展国学教育，让优秀的传统文化系统化地进教材、进课堂、进头脑，借助传统文化中的道德伦理精神，帮助他们建立正确的善恶观、是非观、美丑观、得失观，加强理想信念、民族精神、时代精神，尤为重要。传统教育的根本是要明伦教孝，立身行道。

"人也者，天地之心也。"教育就是为天下立心立命的系统工程。国学，她不是书斋里发霉的残页，也不是博物馆中供人观瞻的文物。国学，是我们"日新"的生命之道，是我们"日用而不知"的生活之道，她必将在高速发展的地球村时代走向"周虽旧邦，其命维新"的辉煌。今天，在国家大力倡导中华优秀传统文化的时代背景下，迫切需要内涵深刻的传统文化教材来弘扬中国文化，通过国学经典的教习与传承来培育孩子高尚的道德情操、深厚的文化底蕴、严谨的思辨能力、良好的审美情趣，以期提高国民的综合竞争力和国家的文化软实力。由此，下一代便可广泛参与世界文明对话，展示中华文化的独特魅力，为人类的进步贡献新的思想力量。为此，"蒙学精要简繁篆三体字丛书"的选编机构决意尊教育古法，以经典教育涵养心灵，以圣贤之道开慧启智，企望能为儿童国学经典教育的复兴和优秀传统文化的传承尽绵薄之力！

中华传统文化诵读工程　秘书长
北京人文大学国学院　院长

2018年9月8日

目录

急就篇

〔西汉〕史游

第一章

急就奇觚与众异，罗列诸物名姓字。

急就奇觚與眾異，羅列諸物名姓字。

分别部居不杂厕，用日约少诚快意。

分別部居不雜廁，用日約少誠快意。

勉力务之必有喜。请道其章：

勉力務之必有喜。請道其章：

sòng yán nián、zhèng zǐ fāng、wèi yì shòu、shǐ bù chāng

宋延年、郑子方、卫益寿、史步昌、

宋延年、鄭子方、衛益壽、史步昌、

zhōu qiān qiū、zhào rú qīng、yuán zhǎn shì、gāo pì bīng

周千秋、赵孺卿、爰展世、高辟兵。

周千秋、趙孺卿、爰展世、高闢兵。

dì èr zhāng

第二章

dèng wàn suì、qín miào fáng、hǎo lì qīn、féng hàn qiáng

邓万岁、秦妙房、郝利亲、冯汉强、

鄧萬歲、秦妙房、郝利親、馮漢强、

dài hù jùn、jǐng jūn míng、dǒng fèng dé、huán xián liáng

戴护郡、景君明、董奉德、桓贤良、

戴護郡、景君明、董奉德、桓賢良、

任逢时、　侯仲郎、　由广国、　荣惠常、
rèn féng shí　hóu zhòng láng　yóu guǎng guó　róng huì cháng

任逢時、　侯仲郎、　由廣國、　榮惠常、

任逢時、　侯仲郎、　由廣國、　榮惠常、

乌承禄、　令狐横、　朱交便、　孔何伤、
wū chéng lù　lìng hú héng　zhū jiāo biàn　kǒng hé shāng

烏承祿、　令狐橫、　朱交便、　孔何傷、

烏承祿、　令狐橫、　朱交便、　孔何傷、

师猛虎、　石敢当、　所不侵、　龙未央、
shī měng hǔ　shí gǎn dāng　suǒ bù qīn　lóng wèi yāng

師猛虎、　石敢當、　所不侵、　龍未央、

師猛虎、　石敢當、　所不侵、　龍未央、

伊婴齐。
yī yīng qí

伊嬰齊。

伊嬰齊。

急就篇

3

zhái huí qìng　　bì zhì jì　　　zhāo xiǎo xiōng　　liǔ yáo shùn
翟 回 庆 、　毕 稚 季 、　昭 小 兄 、　柳 尧 舜 、
翟 回 慶 、　畢 稚 季 、　昭 小 兄 、　柳 堯 舜 、

lè yǔ tāng　　chún yú dēng　　　fèi tōng guāng　　zhè wēn shū
乐 禹 汤 、　淳 于 登 、　费 通 光 、　柘 温 舒 、
樂 禹 湯 、　淳 於 登 、　費 通 光 、　柘 温 舒 、

lù zhèng yáng　　huò shèng gōng　　yán wén zhāng　　guǎn cái zhì
路 政 阳 、　霍 圣 宫 、　颜 文 章 、　管 财 智 、
路 政 陽 、　霍 聖 宫 、　顏 文 章 、　管 財 智 、

piān lǚ zhāng　　lǔ hè xǐ　　　guān yí wáng　　chéng zhōng xìn
偏 吕 张 、　鲁 贺 喜 、　观 宜 王 、　程 忠 信 、
偏 呂 張 、　魯 賀 喜 、　觀 宜 王 、　程 忠 信 、

4

wú zhòng huáng　　xǔ zhōng gǔ　　jiǎ yǒu cāng　　chén yuán shǐ

吴仲皇、许终古、贾友仓、陈元始、

吳仲皇、許終古、賈友倉、陳元始、

（篆书）吴仲皇、许终古、贾友仓、陈元始、

hán wèi táng

韩魏唐。

韓魏唐。

（篆书）韩魏唐。

dì sì zhāng

第四章

yè róng diáo　　bǎi dù yáng　　cáo fù guì　　yǐn lǐ sāng

液容调、柏杜杨、曹富贵、尹李桑、

液容調、柏杜楊、曹富貴、尹李桑、

（篆书）液容调、柏杜杨、曹富贵、尹李桑、

xiāo péng zǔ　　qū zōng tán　　fán ài jūn　　cuī xiào ràng

萧彭祖、屈宗谈、樊爱君、崔孝让、

蕭彭祖、屈宗談、樊愛君、崔孝讓、

（篆书）萧彭祖、屈宗谈、樊爱君、崔孝让、

蒙学精要简繁篆三体字丛书

yáo dé cì yān chǔ zhuāng xuē shèng kè niè gān jiāng

姚得赐、 燕楚庄、 薛胜客、 聂干将、

姚得賜、 燕楚莊、 薛勝客、 聶干將、

姚得賜、 燕楚莊、 薛勝客、 聶干將、

qiú nán dì guō yuè cháng zhù gōng jìng shěn wú fáng

求男弟、 过说长、 祝恭敬、 审毋妨、

求男弟、 過說長、 祝恭敬、 審毋妨、

求男弟、 過說長、 祝恭敬、 審毋妨、

páng shǎng gàn lái shì liáng chéng bó hào fàn jiàn qiāng

庞赏赣、 来士梁、 成博好、 范建羌、

龐賞贛、 來士梁、 成博好、 范建羌、

龐賞贛、 來士梁、 成博好、 范建羌、

yán huān xīn

阎欢欣。

閻歡欣。

閻歡欣。

níng kě wàng　　gǒu zhēn fū　　miáo shè zāng　　tián xì ér
宁可忘、苟贞夫、苗涉臧、田细儿、
寧可忘、苟貞夫、苗涉臧、田細兒、

xiè nèi huáng　　chái guì lín　　wēn zhí héng　　xī jiāo shū
谢内黄、柴桂林、温直衡、奚骄叔、
謝內黃、柴桂林、溫直衡、奚驕叔、

bǐng shèng xiāng　　yōng hóng chǎng　　liú ruò fāng　　máo yí yǔ
邴胜箱、雍弘敞、刘若芳、毛遗羽、
邴勝箱、雍弘敞、劉若芳、毛遺羽、

mǎ niú yáng　　shàng cì qiàn　　qiū zé gāng　　yīn bīn shàng
马牛羊、尚次倩、丘则刚、阴宾上、
馬牛羊、尚次倩、丘則剛、陰賓上、

cuì yuān yāng　　shù bà suì　　wàn duàn qīng　　líng yòu gōng

翠鸳鸯、庶霸遂、万段卿、泠幼功、

翠鴛鴦、庶霸遂、萬段卿、泠幼功、

wǔ chū chāng

武初昌。

武初昌。

dì　liù　zhāng

第六章

zhǔ huí chí　　lán wěi fáng　　jiǎn bà jūn　　qiáo dòu yáng

褚回池、兰伟房、减罢军、桥窦阳、

褚回池、蘭偉房、減罷軍、橋竇陽、

yuán fǔ fú　　xuān qì nú　　yīn mǎn xī　　chōng shēn tú

原辅辐、宣弃奴、殷满息、充申屠、

原輔輻、宣棄奴、殷滿息、充申屠、

xià xiū xiá　gōng sūn dū　cí rén tā　guō pò hú

夏修侠、公孙都、慈仁他、郭破胡、

夏修俠、公孫都、慈仁他、郭破胡、

（篆书）夏修俠、公孫都、慈仁他、郭破胡、

yú zūn yǎn　xiàn yì qú　cài yóu wēi　zuǒ dì yú

虞尊偃、宪义渠、蔡游威、左地余、

虞尊偃、憲義渠、蔡游威、左地餘、

（篆书）虞尊偃、憲義渠、蔡游威、左地餘、

tán píng dìng　mèng bó xú　gě kǎn kē　dūn yǐ sū

谭平定、孟伯徐、葛辗轲、敦倚苏、

譚平定、孟伯徐、葛轗軻、敦倚蘇、

（篆书）譚平定、孟伯徐、葛轗軻、敦倚蘇、

gěng pān hù

耿潘扈。

耿潘扈。

（篆书）耿潘扈。

9

蒙学精要简繁篆三体字丛书

dì qī zhāng

第 七 章

jiāo miè hú　　yàn qí néng　　xíng lì shē　　shào shǒu shí

焦 灭 胡、　晏 奇 能、　邢 丽 奢、　邵 守 实、

焦 滅 胡、　晏 奇 能、　邢 麗 奢、　邵 守 實、

zǎi ān qī　　xiá què dí　　dài yān yú　　sī mǎ bāo

宰 安 期、　侠 却 敌、　代 焉 于、　司 马 褒、

宰 安 期、　俠 却 敵、　代 焉 于、　司 馬 褒、

shàng zì yú　　táo xióng pí　　xiè mò rú　　yuè xīn xié

尚 自 于、　陶 熊 罴、　解 莫 如、　乐 欣 谐、

尚 自 於、　陶 熊 羆、　解 莫 如、　樂 欣 諧、

tóng fú shū　　tòng wú jì　　xiàng yí wú　　hóng bìng xīn

童 扶 疏、　痛 无 忌、　向 夷 吴、　闳 并 诉、

童 扶 疏、　痛 無 忌、　向 夷 吴、　閎 并 訴、

zhú jiàn cháo xù zēng jì yí shī yú xìng míng qì
竺谏朝、续增纪、遗失余。姓名讫，
竺諫朝、續增紀、遺失餘。姓名訖，

qǐng yán wù
请言物。
請言物。

dì bā zhāng
第八章

jǐn xiù màn mào lí yún jué chéng fēng xuán zhōng huá dòng yuè
锦绣缦纰离云爵，乘风县钟华洞乐。
錦繡縵紕離雲爵，乘風縣鐘華洞樂。

bào shǒu luò mò tù shuāng hè chūn cǎo jī qiáo fú wēng zhuó
豹首落莫兔双鹤，春草鸡翘凫翁濯。
豹首落莫兔雙鶴，春草雞翹鳧翁濯。

yù jīn bàn xiàn xiāng bái yuè　　piǎo lì lù wán zào zǐ chàn
郁金半见缃白䅮，缥綟绿纨皂紫䌨。

鬱金半見緗白䄝，縹綟綠紈皂紫䌨。

（篆书）

zhēng lì juàn gàn jìn hóng rán　　qīng qǐ líng hú mǐ rùn xiān
烝栗绢绀缙红缘，青绮绫縠靡润鲜。

烝栗絹紺縉紅緣，青綺綾縠靡潤鮮。

（篆书）

tí luò jiān liàn sù bó chán
绨络缣练素帛蝉。

綈絡縑練素帛蟬。

（篆书）

dì jiǔ zhāng
第九章

jiàng tí kuā chóu sī xù mián　　bǐ bì náng tuó bù zhí qián
绛缇絓䌷丝絮绵，帔敝囊橐不直钱。

絳緹絓紬絲絮綿，帔敝囊橐不直錢。

（篆书）

fú suǒ tōu zī yǔ zēng lián　　shì dài mài mǎi fàn sì biàn
服 琐 緰 𦈌 与 缯 连 ， 贳 贷 卖 买 贩 肆 便 。
服 瑣 緰 𦈌 與 繒 連 ， 貰 貸 賣 買 販 肆 便 。

zī huò shì yíng pǐ fú quán　　xì zhù xǐ yùn guǒ yuē chán
资 货 市 赢 匹 幅 全 ， 绤 纻 枲 缊 裹 约 缠 。
資 貨 市 贏 匹 幅 全 ， 綌 紵 枲 縕 裹 約 纏 。

lún zǔ nì shòu yǐ gāo qiān　　liàng zhàng chǐ cùn jīn liǎng quán
纶 组 缝 绶 以 高 迁 ， 量 丈 尺 寸 斤 两 铨 。
綸 組 縌 綬 以 高 遷 ， 量 丈 尺 寸 斤 兩 銓 。

qǔ shòu fù yǔ xiāng yīn yuán
取 受 付 予 相 因 缘 。
取 受 付 予 相 因 緣 。

dào shǔ shú jì sù má jīng　bǐng ěr mài fàn gān dòu gēng
稻 黍 秫 稷 粟 麻 秔，饼 饵 麦 饭 甘 豆 羹。
稻 黍 秫 稷 粟 麻 秔，餅 餌 麥 飯 甘 豆 羹。

kuí jiǔ cōng liǎo xiè sū jiāng　wú tí yán chǐ xī cù jiàng
葵 韭 葱 蓼 薤 苏 姜，芜 荑 盐 豉 醯 酢 酱。
葵 韭 葱 蓼 薤 蘇 薑，蕪 荑 鹽 豉 醯 酢 醬。

yún suàn jì jiè zhū yú xiāng　lǎo jīng ráng hé dōng rì cáng
芸 蒜 荠 芥 茱 萸 香，老 菁 蘘 荷 冬 日 藏。
芸 蒜 薺 芥 茱 萸 香，老 菁 蘘 荷 冬 日 藏。

lí shì nài táo dài lù shuāng　zǎo xìng guā dì sǎn yí xíng
梨 柿 奈 桃 待 露 霜，枣 杏 瓜 棣 馓 饴 饧。
梨 柿 奈 桃 待 露 霜，棗 杏 瓜 棣 馓 飴 餳。

yuán cài guǒ luǒ zhù mǐ liáng
园菜果蓏助米粮。

園菜果蓏助米糧。

圜菜果蓏助米糧。

dì shí yī zhāng
第十一章

gān qù shū měi zòu zhū jūn　　páo rú biǎo lǐ qū lǐng qún
甘麮殊美奏诸君，　袍襦表里曲领裙。

甘麮殊美奏諸君，　袍襦表裏曲領裙。

甘麮殊美奏諸君，　袍襦表裏曲領裙。

chān yú jiá fù zhě kù kūn　　dān yī bì xī bù mǔ zūn
襜褕袷複褶袴裈，　禅衣蔽膝布母缚。

襜褕袷複褶袴褌，　襌衣蔽膝布母繛。

襜褕袷複褶袴褌，　襌衣蔽膝布母繛。

zhēn lǚ bǔ féng zhàn zhì yuán　　lǚ xì tà póu yuè xié xún
针缕补缝绽紩缘，　履舄鞜裒絨缎紃。

鍼縷補縫綻紩緣，　履舄鞜裒絨緞紃。

鍼縷補縫綻紩緣，　履舄鞜裒絨緞紃。

sǎ dī yǎng jiǎo hè wà jīn，cháng wéi bú jiè wéi mù rén

靸鞮卬角褐袜巾，裳韦不借为牧人。

靸鞮卬角褐韤巾，裳韋不借爲牧人。

wán jiān nài shì yú bǐ lún

完坚耐事踰比伦。

完堅耐事踰比倫。

dì shí èr zhāng
第十二章

jī juē běng cū léi jù pín，zhān qiú suǒ duó mán yí mín

屐屩絣粗赢窭贫，旃裘毲鞻蛮夷民。

屐屩絣粗贏窶貧，旃裘毲鞻蠻夷民。

qù sú guī yì lái fù qīn，yì dǎo zàn bài chēng qiè chén

去俗归义来附亲，译导赞拜称妾臣。

去俗歸義來附親，譯導贊拜稱妾臣。

róng bǎi zǒng yuè shí wǔ lín　lǐn shí xiàn guān dài jīn yín

戎佰总阅什伍邻，廪食县官带金银。

戎佰總閱什伍鄰，廩食縣官帶金銀。

tiě fū zuān zhuī fǔ fù móu　duàn zhù qiān xī dēng dìng jiāo

铁鈇钻锥釜鍑鍪，锻铸铅锡镫锭镣。

鐵鈇鑽錐釜鍑鍪，鍛鑄鉛錫鐙錠鐎。

qián duò gōu zhì fǔ záo chú

钤鐽钩铚斧凿锄。

鈐鐽鈎銍斧鑿鋤。

dì shí sān zhāng

第十三章

tóng zhōng dǐng xíng xuān yí diào　gāng jiǎn jiàn zuàn yě gù qiáo

铜钟鼎铏铦铫铫，釭锏键钻冶锢镴。

銅鍾鼎鉶銷鉋銚，釭鐗鍵鑽冶錮鐈。

zhú qì dēng lì diàn qú chú　　dùn chuán biān jǔ yù bì gōu

竹器簦笠簟籧篨，笓篝篴筥篗篦篝。

竹器簦笠簟籧篨，笓篝篴筥篗篦篝。

（篆书）

shāi bǐ jī zhǒu kuāng qiè lóu　　tuǒ yú pán àn bēi xiǎ wǎn

籭箄箕帚筐篋蒌，椭杅槃案杯盌碗。

籭箄箕帚筐篋蒌，椭杅槃案杯盌碗。

（篆书）

lǐ dǒu sān shēng bàn zhī dàn　　shuàn kē pí sì bǐ zhù zuǎn

蠡斗参升半卮觛，槫榼桦櫬匕箸籫。

蠡斗参升半卮觛，槫榼桦櫬匕箸籫。

（篆书）

zhuì fǒu pén àng wèng yīng hú

甀缶盆盎瓮罂壶。

甀缶盆盎甕罌壺。

（篆书）

zèng dàng biān ōu xiáng yīng lú　　　lěi yù shéng suǒ jiǎo fǎng lú

甑甊甌甌珙罌卢，　累繘绳索绞纺纑。

甑甊甌甌珙罌盧，　纍繘繩索絞紡纑。

jiǎn zhá jiǎn shǔ qiàn dú jiā　　　bǎn zuò suǒ chǎn gǔ kǒu xié

简札检署椠牍家，　板柞所产谷口斜。

簡札檢署椠牘家，　板柞所產谷口斜。

shuǐ chóng kē dǒu wā há mǎ　　　lǐ fù xiè shàn tái bào xiā

水虫科斗蛙虾蟆，　鲤鲋蟹鳝鲐鲍鰕。

水蟲科斗蛙蝦蟆，　鯉鮒蟹鱔鮐鮑鰕。

qī fù pìn jià jī yìng tóng　　　nú bì sī lì zhěn chuáng gàng

妻妇聘嫁赍媵僮，　奴婢私隶枕床杠。

妻婦聘嫁齎媵僮，　奴婢私隸枕床杠。

pú ruò lìn xí zhàng wéi zhuàng

蒲蒻蔺席帐帷幢。

蒲蒻藺席帳帷幢。

篆：蒲蒻藺席帳帷幢。

dì shí wǔ zhāng

第十五章

chéng chén hù lián tāo huì zǒng　　jìng lián shū bǐ gè yì gōng

承尘户帘绦缋緫，镜籢疏篦各异工。

承塵户簾條繢緫，鏡籢疏篦各異工。

芬薰脂粉膏泽箭，沐浴揃搣寡合同。

fēn xūn zhī fěn gāo zé tǒng　　mù yù jiān miè guǎ hé tóng

芬薰脂粉膏泽箭，沐浴揃搣寡合同。

芬薰脂粉膏澤箭，沐浴揃搣寡合同。

xiàng shì kè huà wú děng shuāng　　xì bì láng gān hǔ pò lóng

襐饰刻画无等双，系臂琅玕虎魄龙。

襐飾刻畫無等雙，繫臂琅玕虎魄龍。

bì bì zhū jī méi guī wèng　　yù jué huán pèi mí cóng róng
璧碧珠玑玫瑰瓮，玉玦环珮靡从容。

璧碧珠璣玫瑰甕，玉玦環珮靡從容。

shè jì pì xié chú qún xiōng
射魃辟邪除群凶。

射魃辟邪除群凶。

dì shí liù zhāng
第十六章

yú sè kōng hóu qín zhù zhēng　　zhōng qìng táo xiāo pí gǔ míng
竽瑟空侯琴筑筝，钟磬韬箫鼙鼓鸣。

竽瑟空侯琴筑筝，鐘磬韜簫鼙鼓鳴。

wǔ yīn zǒng huì gē ōu shēng　　chāng yōu pái xiào guān yǐ tíng
五音总会歌讴声，倡优俳笑观倚庭。

五音總會歌謳聲，倡優俳笑觀倚庭。

shì jiǔ xíng shāng sù xī chéng　　chú zǎi qiē gē jǐ shǐ lìng
侍酒行觞宿昔醒，厨宰切割给使令。

侍酒行觴宿昔醒，厨宰切割給使令。

（篆书）

xīn tàn huán wěi chuī shú shēng　　fèn kuài zhì zì gè yǒu xíng
薪炭萑苇炊孰生，膹脍炙裁各有形。

薪炭萑葦炊孰生，膹膾炙裁各有形。

（篆书）

suān xián cù dàn biàn zhuó qīng
酸咸酢淡辨浊清。

酸鹹酢淡辨濁清。

（篆书）

dì shí qī zhāng
第 十 七 章

jī ruò fǔ xī yú xiù xīng　　gū jiǔ niàng láo jī jí chéng
肌朒脯腊鱼臭腥，酤酒酿醪稽极程。

肌朒脯臘魚臭腥，酤酒釀醪稽極程。

（篆书）

qí jú bó xì xiāng yì qīng　guān zé zān huáng jié fà niǔ

棋 局 博 戏 相 易 轻 ， 冠 帻 簪 簧 结 发 纽 。

棋 局 博 戲 相 易 輕 ， 冠 幘 簪 簧 結 髮 紐 。

（篆书）棋 局 博 戲 相 易 輕 ， 冠 幘 簪 簧 結 髮 紐 。

tóu é è zhuō méi mù ěr　bí kǒu chún shé yín yá chǐ

头 额 颏 颐 眉 目 耳 ， 鼻 口 唇 舌 断 牙 齿 。

頭 額 頦 頤 眉 目 耳 ， 鼻 口 唇 舌 斷 牙 齒 。

（篆书）頭 額 頦 頤 眉 目 耳 ， 鼻 口 唇 舌 斷 牙 齒 。

jiá yí jǐng xiàng jiān bì zhǒu　quán wàn jié zhǎo mǔ zhǐ shǒu

颊 颐 颈 项 肩 臂 肘 ， 捲 腕 节 爪 拇 指 手 。

頰 頤 頸 項 肩 臂 肘 ， 捲 腕 節 爪 拇 指 手 。

（篆书）頰 頤 頸 項 肩 臂 肘 ， 捲 腕 節 爪 拇 指 手 。

shèn yú xiōng lèi hóu yān yú

肿 腴 胸 肋 喉 咽 髃 。

腫 腴 胸 肋 喉 咽 髃 。

（篆书）腫 腴 胸 肋 喉 咽 髃 。

第十八章

dì shí bā zhāng

cháng wèi fù gān fèi xīn zhǔ　　pí shèn wǔ zàng pí qí rǔ
肠 胃 腹 肝 肺 心 主， 脾 肾 五 脏 膍 齐 乳。
腸 胃 腹 肝 肺 心 主， 脾 腎 五 臟 膍 齊 乳。

kāo kuān jǐ lǚ yāo bèi lǚ　　gǔ jiǎo xī bìn jìng wéi zhù
尻 髋 脊 膂 腰 背 吕， 股 脚 膝 膑 胫 为 柱。
尻 髖 脊 膂 腰 背 吕， 股 脚 膝 臏 脛 爲 柱。

chuài huái gēn zhǒng xiāng jìn jù　　máo chán xiāng dùn rèn dāo gōu
踹 踝 跟 踵 相 近 聚， 矛 铤 镶 盾 刃 刀 钩。
踹 踝 跟 踵 相 近 聚， 矛 鋋 鑲 盾 刃 刀 鉤。

sà jǐ pí róng jiàn xīn hóu　　gōng nǔ jiàn shǐ kǎi dōu móu
钑 戟 铍 镕 剑 镡 镞， 弓 弩 箭 矢 铠 兜 鍪。
鈒 戟 鈹 鎔 劍 鐔 鏃， 弓 弩 箭 矢 鎧 兜 鍪。

24

tiě chuí zhuā zhàng zhuō bì shū
铁锤檛杖梲柲殳。
鐵錘檛杖梲柲殳。

第十九章
dì shí jiǔ zhāng

zī yáo yuán zhóu yú lún káng　　fú gǔ guǎn xiá róu mín sǎng
辎轺辕轴舆轮辌，辐毂輨辖輮䡄颡。
輜軺轅軸輿輪輬，輻轂輨轄輮䡄顙。

zhǐ shì zhěn líng yǐ nà héng　　gài lǎo bǐ ní è fù táng
轵轼轸轹辅轫衡，盖辕俾倪枙缚棠。
軹軾軫轢輢軜衡，蓋轑俾倪枙縛棠。

pèi lè yāng xiǎn bàn jī jiāng　　yīn fú dù bó ān biāo yáng
辔勒鞅鞙靽羁缰，鞇鞍鞑鞴鞍镳钖。
轡勒鞅鞙靽羈繮，鞇鞍鞑鞴鞍鑣鍚。

jìn yǐn róng tiē sè kūn huáng　　gé sè xiū qī yóu hēi cāng

靳靷鞥鞊色焜煌，革辖髹漆油黑苍。

靳靷鞥鞊色焜煌，革轄髹漆油黑蒼。

靳靷鞥鞊色焜煌，革轄髹漆油黑蒼。

shì zhái lú shè lóu diàn táng

室宅庐舍楼殿堂。

室宅廬舍樓殿堂。

室宅廬舍樓殿堂。

dì èr shí zhāng

第二十章

mén hù jǐng zào wǔ qūn jīng　　cuī chuán bó lú wǎ wū liáng

门户井灶庑囷京，榱椽欂栌瓦屋梁。

門戶井竈廡囷京，榱椽欂櫨瓦屋梁。

門戶井竈廡囷京，榱椽欂櫨瓦屋梁。

ní tú è jì bì yuán qiáng　　gàn zhēn bǎn zāi dù yuán fāng

泥涂垩墍壁垣墙，干桢板栽度圜方。

泥塗堊墍壁垣墙，幹楨板栽度圓方。

泥塗堊墍壁垣墙，幹楨版栽度圓方。

急就篇

jī lěi kuài jiù kù dōng xiāng
墼垒厝厩库东箱，
píng cè qīng hùn fèn tǔ rǎng
屏厕清溷粪土壤。

墼垒厝厩库东箱，屏厕清溷粪土壤。

duì wèi shàn tuí chōng bǒ yáng
碓硙扇隤舂簸扬，
qǐng tǐng jiè mǔ qí liè fēng
顷町界亩畦埒封。

碓硙扇隤舂簸扬，顷町界亩畦埒封。

jiāng pàn zhuì mò lěi lí chú
疆畔畷陌耒犁锄。

疆畔畷陌耒犁锄。

第廿一章
dì niàn yī zhāng

zhòng shù shōu liǎn fù shuì zū
种树收敛赋税租，
jùn huò bǐng bǎ chā bā pá
捃获秉把插捌杷。

种树收敛赋税租，捃获秉把插捌杷。

tóng zǐ cōng sōng yú chūn chū　　huái tán jīng jí yè zhī fú

桐梓枞松榆椿栩，槐檀荆棘叶枝扶。

桐梓樅松榆椿栩，槐檀荆棘葉枝扶。

（篆书）

xīng guī zhuī bó lí liú lú　　qí máng chí zhòu nù bù chāo

骍騩骓驳骊骝驴，骐骁驰骤怒步超。

騂騩騅駁驪騮驢，騏駱馳驟怒步超。

（篆书）

zāng gǔ jié yí zhào dī yú　　liù chù fān xī tún shǐ zhū

牂羖羯羠挑羺羭，六畜蕃息豚豕猪。

牂羖羯羠挑羺羭，六畜蕃息豚豕豬。

（篆书）

jiā fén jiǎo quǎn yě jī chú

豭豮狡犬野鸡雏。

豭豶狡犬野鷄雛。

（篆书）

28

第廿二章
dì niàn èr zhāng

sān bèi tè jiè gāo dú jū　　xióng cí pìn mǔ xiāng suí qū
犙牬特犗羔犊驹，雄雌牝牡相随趋。

犙牬特犗羔犢駒，雄雌牝牡相隨趨。

（篆书）

zāo kāng zhī zǐ gǎo cuò chú　　fèng jué hóng hú yàn wù zhì
糟糠汁滓稿莝刍，凤爵鸿鹄雁鹜雉。

糟糠汁滓稿莝芻，鳳爵鴻鵠雁鶩雉。

（篆书）

yīng yào bǎo guā yì diāo wěi　　jiū gē chún yàn zhòng wǎng sǐ
鹰鹞鸨鸹翳雕尾，鸠鸽鹑鴳中网死。

鷹鷂鴇鴰翳雕尾，鳩鴿鶉鴳中網死。

（篆书）

yuān què chī xiāo jīng xiāng shì　　bào hú jù xū chái xī sì
鸢鹊鸱枭惊相视，豹狐距虚豺犀兕。

鳶鵲鴟梟驚相視，豹狐距虛豺犀兕。

（篆书）

29

lí tù fēi wú láng mí jǐ
狸兔飞鼯狼麋麂。

貍兔飛鼯狼麋麂。

（篆书）狸兔飞鼯狼麋麂。

第廿三章
dì niàn sān zhāng

jūn zhǔ jīng yōu pí jǐ lǚ　　hán qì xiè zhù fù lú zhàng
麇麈麖麀皮给履，寒气泄注腹胪胀。

麇麈麖麀皮給履，寒氣泄注腹臚脹。

（篆书）麇麈麖麀皮給履，寒氣泄注腹臚脹。

jiā bǐ jiè lì chī lóng máng　　yōng jū chì zòng wěi bì zhàng
痂疕疥疠痴聋盲，痈疽瘛疭痿痹瘴。

痂疕疥癘癡聾盲，癰疽瘛瘲痿痹瘴。

（篆书）痂疕疥癘癡聾盲，癰疽瘛瘲痿痹瘴。

shàn jiǎ diān jí kuáng shī xiǎng　　nüè jué yú tòng mò wēn bìng
疝瘕癫疾狂失响，疟瘚瘀痛瘼温病。

疝瘕癲疾狂失響，瘧瘚瘀痛瘼温病。

（篆书）疝瘕癲疾狂失響，瘧瘚瘀痛瘼温病。

xiāo kě ǒu nì kài mèn ràng　　dān rè lòu zhì chī miè liàng

消渴欧逆欬懑让，　瘅热瘘痔眵曦眼。

消渴歐逆欬懣讓，　瘅熱瘻痔眵曦眼。

dǔ lóng shuāi fèi yíng yī jiàng

笃癃瘢废迎医匠。

篤癃瘢廢迎醫匠。

dì niàn sì zhāng
第廿四章

jiǔ cì huò yào zhú qù xié　　huáng qín fú líng yù chái hú

炙刺和药逐去邪，　黄芩伏苓礜茈胡。

炙刺和藥逐去邪，　黃芩伏苓礜茈胡。

mǔ méng gān cǎo wǎn lí lú　　wū huì fù zǐ jiāo yán huá

牡蒙甘草菀藜芦，　乌喙附子椒芫华。

牡蒙甘草菀藜蘆，　烏喙附子椒芫華。

31

bàn xià zào jiá ài tuó wú　　xiōng qióng hòu pò guì guā lóu

半夏皂荚艾橐吾，芎䓖厚朴桂栝楼。

半夏皂莢艾橐吾，芎藭厚朴桂栝樓。

（篆书）半夏皂莢艾橐吾，芎藭厚朴桂栝樓。

kuǎn dōng bèi mǔ jiāng láng yá　　yuǎn zhì xù duàn shēn tǔ guā

款东贝母姜狼牙，远志续断参土瓜。

款東貝母薑狼牙，遠志續斷參土瓜。

（篆书）款東貝母薑狼牙，遠志續斷參土瓜。

tíng lì jié gěng guī gǔ kū

亭历桔梗龟骨枯。

亭歷桔梗龜骨枯。

（篆书）亭歷桔梗龜骨枯。

dì niàn wǔ zhāng

第廿五章

léi shǐ guàn jūn jìn tù lú　　bǔ wèn qiǎn suì fù mǔ kǒng

雷矢藋菌荩兔卢，卜问谴祟父母恐。

雷矢藋菌藎兔盧，卜問譴祟父母恐。

（篆书）雷矢藋菌藎兔盧，卜問譴祟父母恐。

cí sì shè jì cóng là fèng　yè yáng sāi dǎo guǐ shén chǒng

祠祀社稷丛腊奉，谒禓塞祷鬼神宠。

祠祀社稷叢臘奉，謁禓塞禱鬼神寵。

guān guǒ huì dú qiǎn sòng yǒng　sāng diào bēi āi miàn mù zhǒng

棺椁槥椟遣送踊，丧吊悲哀面目肿。

棺槨槥櫝遣送踊，喪吊悲哀面目腫。

kū qì jì zhuì fén mù zhǒng　zhū wù jìn qì wǔ guān chū

哭泣祭醊坟墓冢，诸物尽讫五官出。

哭泣祭醊墳墓冢，諸物盡訖五官出。

huàn xué fěng shī xiào jīng lún

宦学讽诗孝经论。

宦學諷詩孝經論。

急就篇

33

第廿六章

dì niàn liù zhāng

春秋尚书律令文，治礼掌故砥厉身。

春秋尚書律令文，治禮掌故砥厲身。

智能通达多见闻，名显绝殊异等伦。

智能通達多見聞，名顯絕殊異等倫。

抽擢推举白黑分，迹行上究为贵人。

抽擢推舉白黑分，迹行上究爲貴人。

丞相御史郎中君，进近公卿傅仆勋。

丞相禦史郎中君，進近公卿傅僕勳。

34

qián hòu cháng shì zhū jiāng jūn

前 后 常 侍 诸 将 军。

前 後 常 侍 諸 將 軍。

前 後 常 侍 諸 將 軍。

dì niàn qī zhāng

第 廿 七 章

liè hóu fēng yì yǒu tǔ chén　　jī xué suǒ zhì fēi guǐ shén

列 侯 封 邑 有 土 臣，积 学 所 致 非 鬼 神。

列 侯 封 邑 有 土 臣，積 學 所 致 非 鬼 神。

列 侯 封 邑 有 土 臣，積 學 所 致 非 鬼 神。

féng yì jīng zhào zhí zhì mín　　lián jié píng duān fǔ shùn qīn

冯 翊 京 兆 执 治 民，廉 洁 平 端 抚 顺 亲。

馮 翊 京 兆 執 治 民，廉 潔 平 端 撫 順 親。

馮 翊 京 兆 執 治 民，廉 潔 平 端 撫 順 親。

jiān xié bìng sè jiē lǐ xùn　　biàn huà mí huò bié gù xīn

奸 邪 并 塞 皆 理 驯，变 化 迷 惑 别 故 新。

姦 邪 并 塞 皆 理 馴，變 化 迷 惑 別 故 新。

姦 邪 并 塞 皆 理 馴，變 化 迷 惑 別 故 新。

gēng zú guī chéng zì yì yīn　　sī nóng shào fǔ guó zhī yuān

更卒归诚自诣因，司农少府国之渊。

更卒歸誠自詣因，司農少府國之淵。

（篆书）

yuǎn qǔ cái wù zhǔ píng jūn

远取财物主平均。

遠取財物主平均。

（篆书）

dì niàn bā zhāng
第廿八章

gāo táo zào yù fǎ lǜ cún　　zhū fá zhà wěi hé zuì rén

皋陶造狱法律存，诛罚诈伪劾罪人。

皋陶造獄法律存，誅罰詐偽劾罪人。

（篆书）

tíng wèi zhèng jiān chéng gǔ xiān　　zǒng lǐng fán luàn jué yí wén

廷尉正监承古先，总领烦乱决疑文。

廷尉正監承古先，總領煩亂決疑文。

（篆书）

biàn dòu shā shāng bǔ wǔ lín　　tíng zhǎng yóu jiào gòng zá zhěn

变 斗 杀 伤 捕 伍 邻，亭 长 游 徼 共 杂 诊。

變 鬭 殺 傷 捕 伍 鄰，亭 長 游 徼 共 雜 診。

（篆书）

dào zéi xì qiú bǎng chī tún　　péng dǎng móu bài xiāng yǐn qiān

盗 贼 系 囚 榜 笞 臀，朋 党 谋 败 相 引 牵。

盗 賊 繫 囚 榜 答 臀，朋 黨 謀 敗 相 引 牽。

（篆书）

qī wū jié zhuàng huán fǎn zhēn

欺 诬 诘 状 还 反 真。

欺 誣 詰 狀 還 反 真。

（篆书）

第廿九章

dì niàn jiǔ zhāng

zuò shēng huàn hài bù zú lián　　cí qióng qíng dé jù yù jiān

坐 生 患 害 不 足 怜，辞 穷 情 得 具 狱 坚。

坐 生 患 害 不 足 憐，辭 窮 情 得 具 獄 堅。

（篆书）

籍受证验记问年，闾里乡县趣辟论。

籍受證驗記問年，閭里鄉縣趣辟論。

籍受證驗記問年，閭里鄉縣趣辟論。

鬼薪白粲钳釱髡，不肯谨慎自令然。

鬼薪白粲鉗釱髡，不肯謹慎自令然。

鬼薪白粲鉗釱髡，不肯謹慎自令然。

输属诏作溪谷山，箛箊起居课后先。

輸屬詔作溪谷山，箛箊起居課後先。

輸屬詔作溪谷山，箛箊起居課後先。

斩伐材木斫株根。

斬伐材木斫株根。

斬伐材木斫株根。

蒙学精要简繁篆三体字丛书

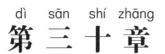

急就篇

fàn huò shì wēi zhì duì cáo　　màn yí shǒu nì chóu wù liáo
犯祸事危置对曹，谩訑首匿愁勿聊。
犯禍事危置對曹，謾訑首匿愁勿聊。

fù shù tuō lòu wáng mìng liú　　gōng jī jié duó jiàn chē jiāo
缚束脱漏亡命流，攻击劫夺槛车胶。
縛束脱漏亡命流，攻擊劫奪檻車膠。

sè fū jiǎ zuǒ fú zhì láo　　zhǐ wěi bǎo gū tí hū háo
啬夫假佐扶致牢，疻痏保辜啼呼号。
嗇夫假佐扶致牢，疻痏保辜啼呼號。

fá xīng wěi dǎi xiòng xuàn qiú　　zhé jué mò rù xí bào liú
乏兴猥逮讯谖求，辄觉没入檄报留。
乏興猥逮訽讂求，輒覺没入檄報留。

39

shòu qiú wǎng fǎ fèn nù chóu

受赇枉法忿怒仇。

受賕枉法忿怒仇。

受賕枉法忿怒仇。

dì sà yī zhāng

第卅一章

chán yú zhēng yǔ xiāng dǐ chù　　yōu niàn huǎn jí hàn yǒng dú

谗谀争语相舐触，　　忧念缓急悍勇独。

讒諛爭語相舐觸，　　憂念緩急悍勇獨。

讒諛爭語相舐觸，　　憂念緩急悍勇獨。

nǎi kěn xǐng chá fěng jiàn dú　　jīng shuǐ zhù wèi jiē shù qū

乃肯省察讽谏读，　　泾水注渭街术曲。

乃肯省察諷諫讀，　　涇水注渭街術曲。

乃肯省察諷諫讀，　　涇水注渭街術曲。

bǐ yán chóu suàn gāo huǒ zhú　　lài shè jiù jiě biǎn zhì lù

笔研筹筹膏火烛，　　赖赦救解贬秩禄。

筆研籌筭膏火燭，　　賴赦救解貶秩祿。

筆研籌筭膏火燭，　　賴赦救解貶秩祿。

hán dān hé jiān pèi bā shǔ　yǐng chuān lín huái jí kè lù

邯郸河间沛巴蜀，颍川临淮集课录。

邯鄲河間沛巴蜀，潁川臨淮集課録。

yī hùn wū rǎn tān zhě rǔ

依溷污染贪者辱。

依溷污染貪者辱。

dì sà èr zhāng
第卅二章

hàn dì guǎng dà wú bù róng shèng　wàn fāng lái cháo chén qiè shǐ lìng

汉地广大无不容盛，万方来朝臣妾使令。

漢地廣大無不容盛，萬方來朝臣妾使令。

biān jìng wú shì zhōng guó ān níng　bǎi xìng chéng dé yīn yáng hé píng

边境无事中国安宁，百姓承德阴阳和平。

邊境無事中國安寧，百姓承德陰陽和平。

41

fēng yǔ shí jié mò bù zī róng　　　zāi huáng bù qǐ wǔ gǔ shú chéng

风雨时节莫不滋荣，灾蝗不起五谷孰成。

風雨時節莫不滋榮，災蝗不起五穀孰成。

（篆书）風雨時節莫不滋榮，災蝗不起五穀孰成。

xián shèng bìng jìn bó shì xiān shēng　　　cháng lè wú jí lǎo fù dīng

贤圣并进博士先生，长乐无极老复丁。

賢聖并進博士先生，長樂無極老復丁。

（篆书）賢聖并進博士先生，長樂無極老復丁。

○附：以下系后汉人附入

dì sà sān zhāng

第卅三章

qí guó jǐ xiàn sù zēng bó　　　fēi lóng fèng huáng xiāng zhuī zhú

齐国给献素缯帛，飞龙凤皇相追逐。

齊國給獻素繒帛，飛龍鳳皇相追逐。

（篆书）齊國給獻素繒帛，飛龍鳳皇相追逐。

hé nán luò yáng rén fán xī　　yǔ tiān xiàng bǎo wú qióng jí
河南洛阳人蕃息，与天相保无穷极。

河南洛陽人蕃息，與天相保無窮極。

zhēn dìng cháng shān zhì gāo yì　　chéng ér jiā chǒng shēng jìn lì
真定常山至高邑，乘而嘉宠升进立。

真定常山至高邑，乘而嘉寵升進立。

jiàn hào chuí tǒng jiě yù yì　　sì mín kāng níng xián lái fú jí
建号垂统解郁悒，四民康宁咸来服集。

建號垂统解鬱悒，四民康寧咸來服集。

hé xū niàn lǜ hé wéi yí
何须念虑合为一。

何須念慮合爲一。

43

shān yáng guò wèi　cháng shā běi dì　mǎ yǐn zhāng yè jí

山阳过魏，　长沙北地。　马饮漳邺及

山陽過魏，　長沙北地。　馬飲漳鄴及

qīng hé　yún zhōng dìng xiāng yǔ shuò fāng　dài jùn shàng gǔ yòu

清河，　云中定襄与朔方。　代郡上谷右

清河，　雲中定襄與朔方。　代郡上谷右

běi píng　liáo dōng bīn xī shàng píng gāng　jiǔ quán qiáng nǔ yǔ

北平，　辽东滨西上平冈。　酒泉强弩与

北平，　遼東濱西上平岡。　酒泉強弩與

dūn huáng　jū biān shǒu sài bèi hú qiāng　yuǎn jìn huán jí shā

敦煌，　居边守塞备胡羌。　远近还集杀

敦煌，　居邊守塞備胡羌。　遠近還集殺

44

hú wáng　　hàn tǔ xīng lóng zhōng guó kāng

胡王，汉土兴隆中国康。

胡王，漢土興隆中國康。

胡王，漢土興隆中國康。

弟 子 职
dì zǐ zhí

一、学则
yī xué zé

先生施教， 弟子是则。 温恭自虚，
xiān shēng shī jiào dì zǐ shì zé wēn gōng zì xū

先生施教， 弟子是则。 温恭自虚，

所受是极。 见善从之， 闻义则服。
suǒ shòu shì jí jiàn shàn cóng zhī wén yì zé fú

所受是極。 見善從之， 聞義則服。

温柔孝悌， 毋骄恃力。 志毋虚邪，
wēn róu xiào tì wú jiāo shì lì zhì wú xū xié

温柔孝悌， 毋驕恃力。 志毋虚邪，

xíng bì zhèng zhí　　yóu jū yǒu cháng，　bì jiù yǒu dé。

行 必 正 直 。　游 居 有 常，　必 就 有 德 。

行 必 正 直 。　游 居 有 常，　必 就 有 德 。

（篆书）行 必 正 直 。　游 居 有 常，　必 就 有 德 。

yán sè zhěng qí，　zhōng xīn bì shì。　sù xīng yè mèi，

颜 色 整 齐，　中 心 必 式 。　夙 兴 夜 寐，

颜 色 整 齊，　中 心 必 式 。　夙 興 夜 寐，

（篆书）颜 色 整 齊，　中 心 必 式 。　夙 興 夜 寐，

yī dài bì chì。　zhāo yì mù xí，　xiǎo xīn yì yì。

衣 带 必 饬 。　朝 益 暮 习，　小 心 翼 翼 。

衣 帶 必 飭 。　朝 益 暮 習，　小 心 翼 翼 。

（篆书）衣 帶 必 飭 。　朝 益 暮 習，　小 心 翼 翼 。

yī cǐ bú xiè，　shì wèi xué zé。

一 此 不 解，　是 谓 学 则 。

一 此 不 解，　是 謂 學 則 。

（篆书）一 此 不 解，　是 謂 學 則 。

二、早作

shào zhě zhī shì　　yè mèi zǎo zuò　　jì fèn guàn shù

少者之事，　夜寐蚤作。　既拚盥漱，
少者之事，　夜寐蚤作。　既拚盥漱，
（篆书）

zhí shì yǒu kè　　shè yī gòng guàn　　xiān shēng nǎi zuò

执事有恪。　摄衣共盥，　先生乃作。
執事有恪。　攝衣共盥，　先生乃作。
（篆书）

wò guàn chè guàn　　xùn fèn zhèng xí　　xiān shēng nǎi zuò

沃盥彻盥，　汛拚正席，　先生乃坐。
沃盥徹盥，　汛拚正席，　先生乃坐。
（篆书）

chū rù gōng jìng　　rú jiàn bīn kè　　wēi zuò xiàng shī

出入恭敬，　如见宾客。　危坐乡师，
出入恭敬，　如見賓客。　危坐鄉師，
（篆书）

yán sè wú zuò
颜色毋怍。

颜色毋怍。

（篆书）颜色毋怍。

sān shòu yè
三、授业

shòu yè zhī jì　　　bì yóu zhǎng shǐ　　　yì zhōu zé rán
受业之纪，　必由长始；　一周则然，

受業之紀，　必由長始；　一周則然，

（篆书）受業之紀，　必由長始；　一周則然，

qí yú zé fǒu　　　shǐ sòng bì zuò　　　qí cì zé yǐ
其余则否。　始诵必作，　其次则已。

其餘則否。　始誦必作，　其次則已。

（篆书）其餘則否。　始誦必作，　其次則已。

fán yán yǔ xíng　　　sī zhōng yǐ wéi jì　　gǔ zhī jiāng xīng zhě
凡言与行，　思中以为纪。古之将兴者，

凡言與行，　思中以爲紀。古之將興者，

（篆书）凡言與行，　思中以爲紀。古之將興者，

bì yóu cǐ shǐ　　hòu zhì jiù xí　　xiá zuò zé qǐ

必 由 此 始。 后 至 就 席， 狭 坐 则 起。

必 由 此 始。 後 至 就 席， 狹 坐 則 起。

（篆书）必 由 此 始。 後 至 就 席， 狹 坐 則 起。

sì　duì kè

四、对客

ruò yǒu bīn kè　　dì zǐ jùn zuò　　duì kè wú ràng

若 有 宾 客， 弟 子 骏 作。 对 客 无 让，

若 有 賓 客， 弟 子 駿 作。 對 客 無 讓，

（篆书）若 有 賓 客， 弟 子 駿 作。 對 客 無 讓，

yīng qiě suì xíng　　qū jìn shòu mìng　　suǒ qiú suī bú zài

应 且 遂 行。 趋 进 受 命， 所 求 虽 不 在，

應 且 遂 行。 趨 進 受 命， 所 求 雖 不 在，

（篆书）應 且 遂 行。 趨 進 受 命， 所 求 雖 不 在，

bì yǐ fǎn mìng　　fǎn zuò fù yè　　ruò yǒu suǒ yí

必 以 反 命， 反 坐 复 业。 若 有 所 疑，

必 以 反 命， 反 坐 復 業。 若 有 所 疑，

（篆书）必 以 反 命， 反 坐 復 業。 若 有 所 疑，

pěng shǒu wèn zhī　　shī chū jiē qǐ
奉手问之。　师出皆起。

奉手問之。　師出皆起。

（篆书）奉手問之。　師出皆起。

五、馔馈
wǔ　　　zhuàn kuì

zhì yú shí shí　　　xiān shēng jiāng shí　　　dì zǐ zhuàn kuì
至于食时，　先生将食，　弟子馔馈。

至於食時，　先生將食，　弟子饌饋。

（篆书）至於食時，　先生將食，　弟子饌饋。

shè rèn guàn shù　　　guì zuò ér kuì　　　zhì jiàng cuò shí
摄衽盥漱，　跪坐而馈。　置酱错食，

攝衽盥漱，　跪坐而饋。　置醬錯食，

（篆书）攝衽盥漱，　跪坐而饋。　置醬錯食，

chén shàn wú bèi　　　fán zhì bǐ shí　　　niǎo shòu yú biē
陈膳毋悖。　凡置彼食，　鸟兽鱼鳖，

陳膳毋悖。　凡置彼食，　鳥獸魚鱉，

（篆书）陳膳毋悖。　凡置彼食，　鳥獸魚鱉，

bì xiān cài gēng　　gēng zì zhōng bié　　zì zài jiàng qián
必先菜羹。 羹戴中别， 戴在酱前，
必先菜羹。 羹戴中別， 戴在醬前，

qí shè yào fāng　　fàn shì wéi zú　　zuǒ jiǔ yòu jiàng
其设要方。 饭是为卒， 左酒右酱。
其設要方。 飯是爲卒， 左酒右醬。

gào jù ér tuì　　pěng shǒu ér lì　　sān fàn èr dǒu
告具而退， 奉手而立。 三饭二斗，
告具而退， 奉手而立。 三飯二斗，

zuǒ zhí xū dòu　　yòu zhí xié bǐ　　zhōu hái ér èr
左执虚豆， 右执挟匕， 周还而贰，
左執虚豆， 右執挾匕， 周還而貳，

wéi qiàn zhī shì　　tóng qiàn yǐ chǐ　　zhōu zé yǒu shǐ
唯嗛之视，　同嗛以齿，　周则有始。
唯嗛之视，　同嗛以齿，　周则有始。

bǐng chǐ bú guì　　shì wèi èr jì　　xiān shēng yǐ shí
柄尺不跪，　是谓贰纪。　先生已食，
柄尺不跪，　是謂貳紀。　先生已食，

dì zǐ nǎi chè　　qū zǒu jìn shù　　fèn qián liǎn jì
弟子乃撤，　趋走进漱，　拚前敛祭。
弟子乃撤，　趨走進漱，　拚前斂祭。

liù　　nǎi shí
六、乃食

xiān shēng yǒu mìng　　dì zǐ nǎi shí　　yǐ chǐ xiāng yāo
先生有命，　弟子乃食。　以齿相要，
先生有命，　弟子乃食。　以齿相要，

zuò bì jìn xí　　　　fàn bì pěng lǎn　　gēng bù yǐ shǒu
坐 必 尽 席 。　　饭 必 奉 挐 ，　　羹 不 以 手 。
坐 必 盡 席 。　　飯 必 奉 擥 ，　　羹 不 以 手 。
（篆）坐 必 盡 席 。（篆）飯 必 奉 擥 ，（篆）羹 不 以 手 。

yì yǒu jù xī　　　　wú yǒu yǐn zhǒu　　jì shí nǎi bǎo
亦 有 据 膝 ，　　毋 有 隐 肘 。　　既 食 乃 饱 ，
亦 有 據 膝 ，　　毋 有 隱 肘 。　　既 食 乃 飽 ，
（篆）亦 有 據 膝 ，（篆）毋 有 隱 肘 。（篆）既 食 乃 飽 ，

xún èr fù shǒu　　　zhèn rèn sǎo xí　　yǐ shí zhě zuò
循 咡 覆 手 。　　振 衽 扫 席 ，　　已 食 者 作 。
循 咡 覆 手 。　　振 衽 掃 席 ，　　已 食 者 作 。
（篆）循 咡 覆 手 。（篆）振 衽 掃 席 ，（篆）已 食 者 作 。

kōu yī ér jiàng　　xuán ér xiàng xí　　gè chè qí kuì
抠 衣 而 降 ，　　旋 而 乡 席 。　　各 撤 其 馈 ，
摳 衣 而 降 ，　　旋 而 鄉 席 。　　各 撤 其 饋 ，
（篆）摳 衣 而 降 ，（篆）旋 而 鄉 席 。（篆）各 撤 其 饋 ，

rú yú bīn kè　　　　jì chè bìng qì　　　　nǎi huán ér lì

如于宾客。 既撤并器， 乃还而立。

如於賓客。 既撤并器， 乃還而立。

（篆書）

七、洒扫
qī　　sǎ sǎo

fán fèn zhī dào　　　shí shuǐ yú pán　　　rǎng bì mèi jí zhǒu

凡拚之道， 实水于盘， 攘臂袂及肘，

凡拚之道， 實水於盤， 攘臂袂及肘，

（篆書）

táng shàng zé bō sǎ　　shì zhōng wò shǒu　　zhí jī yīng yè

堂上则播洒， 室中握手。 执箕膺揲，

堂上則播灑， 室中握手。 執箕膺揲，

（篆書）

jué zhōng yǒu zhǒu　　rù hù ér lì　　　qí yí bú tè

厥中有帚。 入户而立， 其仪不忒。

厥中有帚。 入戶而立， 其儀不忒。

（篆書）

弟子职

55

zhí zhǒu xià jī　　yǐ yú hù cè　　fán fèn zhī jì

执帚下箕，倚于户侧。凡拚之纪，

執帚下箕，倚於户侧。凡拚之紀，

bì yóu ào shǐ　　fǔ yǎng qìng zhé　　fèn wú yǒu chè

必由奥始。俯仰磬折，拚毋有撤。

必由奥始。俯仰磬折，拚毋有撤。

fèn qián ér tuì　　jù yú hù nèi　　zuò bǎn pái zhī

拚前而退，聚于户内，坐板排之，

拚前而退，聚於户内，坐板排之，

yǐ xié shì jǐ　　shí zhǒu yú jī　　xiān shēng ruò zuò

以叶适己，实帚于箕。先生若作，

以叶適己，實帚於箕。先生若作，

nǎi xīng ér cí　　zuò zhí ér lì　　suì chū qì zhī
乃 兴 而 辞。　　坐 执 而 立，　　遂 出 弃 之。
乃 興 而 辭。　　坐 執 而 立，　　遂 出 棄 之。

jì fèn fǎn lì　　shì xié shì jī
既 拚 反 立，　　是 协 是 稽。
既 拚 反 立，　　是 協 是 稽。

bā　　zhí zhú
八 、 执 烛

mù shí fù lǐ　　hūn jiāng jǔ huǒ　　zhí zhú yú zuò
暮 食 复 礼，　　昏 将 举 火，　　执 烛 隅 坐。
暮 食 復 禮，　　昏 將 舉 火，　　執 燭 隅 坐。

cuò zǒng zhī fǎ　　héng yú zuò suǒ　　zhì zhī yuǎn jìn
错 总 之 法，　　横 于 坐 所。　　栉 之 远 近，
錯 總 之 法，　　橫 於 坐 所。　　櫛 之 遠 近，

nǎi chéng jué huǒ　　jū gōu rú jǔ　　zhēng jiān róng zhēng
乃承厥火。　居句如矩，　蒸间容蒸，
乃承厥火。　居句如矩，　蒸間容蒸，

rán zhě chù xià　　pěng wǎn yǐ wéi xù　　yòu shǒu zhí zhú
然者处下，　奉碗以为绪。　右手执烛，
然者處下，　奉碗以爲緒。　右手執燭，

zuǒ shǒu zhèng zhì　　yǒu duò dài zhú　　jiāo zuò wú bèi zūn zhě
左手正栉，　有堕代烛。　交坐毋倍尊者。
左手正櫛，　有墮代燭。　交坐毋倍尊者。

nǎi qǔ jué zhì　　suì chū shì qù
乃取厥栉，　遂出是去。
乃取厥櫛，　遂出是去。

九、请衽
jiǔ qǐng rèn

xiān shēng jiāng xī　　dì zǐ jiē qǐ　　jìng fèng zhěn xí
先 生 将 息，弟 子 皆 起。敬 奉 枕 席，

先 生 將 息，弟 子 皆 起。敬 奉 枕 席，

（篆书）先 生 將 息，弟 子 皆 起。敬 奉 枕 席，

wèn shū hé zhǐ　　chù rèn zé qǐng　　yǒu cháng zé fǒu
问 疋 何 止。俶 衽 则 请，有 常 则 否。

問 疋 何 止。俶 衽 則 請，有 常 則 否。

（篆书）問 疋 何 止。俶 衽 則 請，有 常 則 否。

十、退习
shí tuì xí

xiān shēng jì xī　　gè jiù qí yǒu　　xiāng qiē xiāng cuō
先 生 既 息，各 就 其 友，相 切 相 磋，

先 生 既 息，各 就 其 友，相 切 相 磋，

（篆书）先 生 既 息，各 就 其 友，相 切 相 磋，

59

gè zhǎng qí yí

各 长 其 仪。

各 長 其 儀。

各 長 其 儀。

shí yī jié yǔ

十一、结语

zhōu zé fù shǐ shì wèi dì zǐ zhī jì

周 则 复 始， 是 谓 弟 子 之 纪。

周 則 復 始， 是 謂 弟 子 之 紀。

周 則 復 始， 是 謂 弟 子 之 紀。

小学诗

立教第一

zì gǔ zhòng xián háo　shī shū jiào ěr cáo
自 古 重 贤 豪，　诗 书 教 尔 曹，

自 古 重 賢 豪，　詩 書 教 爾 曹，

（篆文）

rén shēng jiē yǒu shì　xiū jǐ zuì wéi gāo
人 生 皆 有 事，　修 己 最 为 高。

人 生 皆 有 事，　修 己 最 爲 高。

（篆文）

dì zǐ cóng shī zhě　xiān xū shǒu xué guī
弟 子 从 师 者，　先 须 守 学 规，

弟 子 從 師 者，　先 須 守 學 規，

（篆文）

zhì shēn guī jǔ lǐ　　bǎi shì kě xiū wéi

置身规矩里，百事可修为。

置身規矩裏，百事可修爲。

（篆书）置身規矩裏，百事可修爲。

yí qiè yào ān xiáng　　jū yóu yǒu dìng fāng

一切要安详，居游有定方，

一切要安詳，居遊有定方，

（篆书）一切要安詳，居遊有定方，

xíng róng xū jìng zhèng　　jǔ dòng mò qīng kuáng

形容须静正，举动莫轻狂。

形容須静正，舉動莫輕狂。

（篆书）形容須静正，舉動莫輕狂。

sǎ sǎo yí qīng jié　　zhěng qí chù chù tóng

洒扫宜清洁，整齐处处同，

灑掃宜清潔，整齊處處同，

（篆书）灑掃宜清潔，整齊處處同，

dú shū shū yǐ què　　zuò zì jìng ér gōng
读 书 舒 以 确 ，　作 字 敬 而 工 。
讀 書 舒 以 確 ，　作 字 敬 而 工 。
讀 書 舒 以 確 ，　作 字 敬 而 工 。

niàn niàn néng shōu liǎn　　líng míng rì yǐ kāi
念 念 能 收 敛 ，　灵 明 日 以 开 ，
念 念 能 收 敛 ，　灵 明 日 以 开 ，
念 念 能 收 敛 ，　灵 明 日 以 开 ，

sòng yín dōu shěng lì　　jiǎng xí chū zhēn cái
诵 吟 都 省 力 ，　讲 习 出 真 才 。
誦 吟 都 省 力 ，　講 習 出 真 才 。
誦 吟 都 省 力 ，　講 習 出 真 才 。

shì kàn qīng kuáng zǐ　　cōng míng fǎn zì wū
试 看 轻 狂 子 ，　聪 明 反 自 诬 ，
試 看 輕 狂 子 ，　聰 明 反 自 誣 ，
試 看 輕 狂 子 ，　聰 明 反 自 誣 ，

yì shēng rú zuì mèng　　zhū hào jìn mó hú

一生如醉梦，诸好尽模糊。

一生如醉夢，諸好盡模糊。

一生如醉夢，諸好盡模糊。

liǎng lù fēn tóu chù　　quán kàn lì zhì shí

两路分头处，全看立志时，

兩路分頭處，全看立志時，

兩路分頭處，全看立志時，

zhèng xié yóu yí niàn　　bì shì dìng gēn jī

正邪由一念，毕世定根基。

正邪由一念，畢世定根基。

正邪由一念，畢世定根基。

mǐn lǔ hé xiāng yuǎn　　zhuān xīn zì yǒu chéng

敏鲁何相远，专心自有成，

敏魯何相遠，專心自有成，

敏魯何相遠，專心自有成，

gǔ jīn yīng jié shàng　　zhǐ shì gōng fū jīng
古 今 英 杰 上 ，　只 是 功 夫 精 。

古 今 英 傑 上 ，　祇 是 功 夫 精 。

古 今 英 傑 上 ，　祇 是 功 夫 精 。

xiàng ěr yán shéng rì　　zhī xíng bìng jìn shí
向 尔 严 绳 日 ，　知 行 并 进 时 ，

向 爾 嚴 繩 日 ，　知 行 并 進 時 ，

向 爾 嚴 繩 日 ，　知 行 并 進 時 ，

kuān hé suī jué hǎo　　dài duò jí yīn zhī
宽 和 虽 觉 好 ，　怠 惰 即 因 之 。

寬 和 雖 覺 好 ，　怠 惰 即 因 之 。

寬 和 雖 覺 好 ，　怠 惰 即 因 之 。

zhǐ cǐ yán jīng hòu　　shū rán jǐ dù qiū
只 此 研 经 候 ，　倏 然 几 度 秋 ，

祇 此 研 經 候 ，　倏 然 幾 度 秋 ，

祇 此 研 經 候 ，　倏 然 幾 度 秋 ，

蒙学精要简繁篆三体字丛书

guāng yīn qīng zhì qì　　suì yuè bù wú liú
光 阴 轻 掷 弃 ，　岁 月 不 吾 留 。
光 陰 輕 擲 棄 ，　歲 月 不 吾 留 。
炗 陰 輕 擲 棄 ，　歲 夕 不 吾 畱 。

kěn yòng gōng fū zhě　　zhēn zhī wèi jǐ shēn
肯 用 功 夫 者 ，　真 知 为 己 身 ，
肯 用 功 夫 者 ，　真 知 爲 己 身 ，
肎 用 㼦 夫 者 ，　眞 知 爲 己 身 ，

pǐn xíng cóng cǐ hǎo　　shí jiàn zì chāo lún
品 行 从 此 好 ，　识 见 自 超 伦 。
品 行 從 此 好 ，　識 見 自 超 倫 。
品 行 從 此 好 ，　識 見 自 超 倫 。

tǎng ruò yīng jiā wù　　gōng fū zǒng mò pāo
倘 若 膺 家 务 ，　工 夫 总 莫 抛 。
倘 若 膺 家 務 ，　工 夫 總 莫 抛 。
倘 若 膺 家 務 ，　工 夫 總 莫 抛 。

66

shì jī néng liàn dá　　cóng cǐ chū yīng háo
事 几 能 练 达，从 此 出 英 豪。

事 幾 能 練 達，從 此 出 英 豪。

（篆书）事 幾 能 練 達，從 此 出 英 豪。

ruò dé shū zhōng wèi　　shuí néng bù dú shū
若 得 书 中 味，谁 能 不 读 书？

若 得 書 中 味，誰 能 不 讀 書？

（篆书）若 得 書 中 味，誰 能 不 讀 書？

shì wéi shēn jǔ jué　　zì wèn guǒ hé rú
试 为 深 咀 嚼，自 问 果 何 如？

試 爲 深 咀 嚼，自 問 果 何 如？

（篆书）試 爲 深 咀 嚼，自 問 果 何 如？

yuàn zuò nóng shāng zhě　　xū jiāng xiǎo xué tōng
愿 作 农 商 者，须 将《小 学》通，

願 作 農 商 者，須 將《小 學》通，

（篆书）願 作 農 商 者，須 將《小 學》通，

chǔ jiā xīn bú kùn bàn shì dào wú qióng

处家心不困，办事道无穷。

處家心不困，辦事道無窮。

（篆书）

dú lì qū tíng rì duàn jī qiān shè shí

独立趋庭日，断机迁舍时，

獨立趨庭日，斷機遷舍時，

（篆书）

gāo xián yóu jiāo huì qǐ jìn shì shēng zhī

高贤由教诲，岂尽是生知？

高賢由教誨，豈盡是生知？

（篆书）

yǒu zǐ jiào xū jǐn jiào chéng nǎi shì ér

有子教须谨，教成乃是儿，

有子教須謹，教成乃是兒，

（篆书）

蒙学精要简繁篆三体字丛书

上承宗祖业，下立后人基。

上承宗祖業，下立後人基。

男须勤课诲，女使知箴铭，

男須勤課誨，女使知箴銘，

堂前皆守礼，从此振家声。

堂前皆守禮，從此振家聲。

教子殷如吕，训徒严似焦，

教子殷如呂，訓徒嚴似焦，

凭 将 愚 鲁 质 ， 也 可 步 云 霄 。

憑 將 愚 魯 質 ， 也 可 步 雲 霄 。

师 席 授 生 徒 ， 身 心 不 可 诬 ，

師 席 授 生 徒 ， 身 心 不 可 誣 ，

教 成 德 性 固 ， 便 可 为 真 儒 。

教 成 德 性 固 ， 便 可 爲 真 儒 。

浩 气 勃 然 生 ， 翻 教 制 艺 精 ，

浩 氣 勃 然 生 ， 翻 教 制 藝 精 ，

qiān qiū wén bǐ shì　shú yǔ mèng hán héng
千秋文笔士，孰与孟韩衡？

千秋文筆士，孰與孟韓衡？

（篆书）千秋文筆士，孰與孟韓衡？

míng lùn dì èr
明论第二
fù zǐ zhī qīn
——父子之亲

dì yī dāng zhī xiào　yuán wéi bǎi shàn xiān
第一当知孝，原为百善先，

第一當知孝，原爲百善先，

（篆书）第一當知孝，原爲百善先，

shéi rén wú fù mǔ　gè zì xiǎng dāng nián
谁人无父母，各自想当年。

誰人無父母，各自想當年。

（篆书）誰人無父母，各自想當年。

小学诗

71

十月怀胎苦，三年乳哺勤，

shí yuè huái tāi kǔ　　sān nián rǔ bǔ qín
十月怀胎苦，三年乳哺勤，
十月懷胎苦，三年乳哺勤，

dài ér shēn zhǎng dà　　fèi jìn wàn bān xīn
待儿身长大，费尽万般心。
待兒身長大，費盡萬般心。

xiǎng dào qīn ēn dà　　zhōng shēn bào bù wán
想到亲恩大，终身报不完，
想到親恩大，終身報不完，

yù zhī shēng wǒ dé　　shì bǎ yǎng ér kàn
欲知生我德，试把养儿看。
欲知生我德，試把養兒看。

jīng xuè wèi ér jìn　　qīn nián bù zài huán

精 血 为 儿 尽 ，　亲 年 不 再 还 ，

精 血 爲 兒 盡 ，　親 年 不 再 還 ，

篆文

mǎn tóu piāo bái fà　　hóng rì yǐ xī shān

满 头 飘 白 发 ，　红 日 已 西 山 。

滿 頭 飄 白 髮 ，　紅 日 已 西 山 。

篆文

wū yǒu fǎn bǔ yì　　yáng shēn guì rǔ qíng

乌 有 反 哺 义 ，　羊 伸 跪 乳 情 ，

烏 有 反 哺 義 ，　羊 伸 跪 乳 情 ，

篆文

rén rú wàng fù mǔ　　bù shèng yī chù sheng

人 如 忘 父 母 ，　不 胜 一 畜 生 。

人 如 忘 父 母 ，　不 勝 一 畜 生 。

篆文

fèng yǎng wú duō rì
奉养无多日，
奉養無多日，
奉養無多日，

qián cái wú jiào liàng
钱财毋较量，
錢財毋較量，
錢財毋較量，

guǒ néng qīn yì wèi
果能亲意慰，
果能親意慰，
果能親意慰，

bù kuì zuò ér láng
不愧作儿郎。
不愧作兒郎。
不愧作兒郎。

shì fèng gāo táng qīn
侍奉高堂亲，
侍奉高堂親，
侍奉高堂親，

shí shí jié niàn zhēn
时时结念真，
時時結念真，
時時結念真，

qǐn shàn xū zhuó yì
寝膳须着意，
寢膳須着意，
寢膳須着意，

wēn qìng yào liú shén
温清要留神。
溫清要留神。
溫清要留神。

亲色平心察，亲言仔细听，
親色平心察，親言仔細聽，

qīn sè píng xīn chá, qīn yán zǐ xì tīng

须知亲意向，当顺在无形。
須知親意向，當順在無形。

xū zhī qīn yì xiàng, dāng shùn zài wú xíng

挞骂低头顺，糟糠背自吞，
撻罵低頭順，糟糠背自吞，

tà mà dī tóu shùn, zāo kāng bèi zì tūn

但求亲适意，吃苦也甘心。
但求親適意，吃苦也甘心。

dàn qiú qīn shì yì, chī kǔ yě gān xīn

小学诗

75

ruò shuō wàn qiān chà　　yé niáng zǒng bú chà

若 说 万 千 差 ，　爷 娘 总 不 差 ，

若 說 萬 千 差 ，　爺 娘 總 不 差 ，

nǐ xīn céng jìn fǒu　　néng jù yuè qīn mó

你 心 曾 尽 否 ，　能 遽 悦 亲 么 ？

你 心 曾 盡 否 ，　能 遽 悅 親 麼 ？

fù mǔ tóng tiān dì　　liáng xīn gè zì míng

父 母 同 天 地 ，　良 心 各 自 明 ，

父 母 同 天 地 ，　良 心 各 自 明 ，

tǎng jiāng qīn wǔ nì　　tóu shàng tīng léi shēng

倘 将 亲 忤 逆 ，　头 上 听 雷 声 。

倘 將 親 忤 逆 ，　頭 上 聽 雷 聲 。

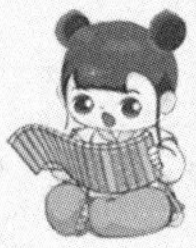

xiōng dì xiū tuī tuō　zhuān xīn fú shì qín
兄弟休推托，专心服事勤，

兄弟休推托，專心服事勤，

<ruby>篆文</ruby>

pì rú dān yǎng wǒ　tuī tuō yòu hé rén
譬如单养我，推托又何人？

譬如單養我，推托又何人？

suí fù jiē wéi mǔ　hé fēn hòu yǔ qīn
随父皆为母，何分后与亲？

隨父皆爲母，何分後與親？

huáng tiān zhōng yǒu yǎn　bú fù xiào xīn rén
皇天终有眼，不负孝心人。

皇天終有眼，不負孝心人。

77

xiào zǐ rén rén jìng　　tiān xīn zuì xǐ huān
孝 子 人 人 敬 ，　天 心 最 喜 欢 ，
孝 子 人 人 敬 ，　天 心 最 喜 歡 ，
（篆书）

yì shēng zāi huì miǎn　　dào chù dé píng ān
一 生 灾 晦 免 ，　到 处 得 平 安 。
一 生 灾 晦 免 ，　到 處 得 平 安 。
（篆书）

qīn jí jǐn tāng yào　　qīn zhōng gǔ lǐ xún
亲 疾 谨 汤 药 ，　亲 终 古 礼 循 ，
親 疾 謹 湯 藥 ，　親 終 古 禮 循 ，
（篆书）

qiú ān xū rù tǔ　　fén mù zǎo liú xīn
求 安 须 入 土 ，　坟 墓 早 留 心 。
求 安 須 入 土 ，　墳 墓 早 留 心 。
（篆书）

huǒ huà shāo guān shì　　páng rén xīn yě hán
火 化 烧 棺 事 ，　旁 人 心 也 寒 ，
火 化 燒 棺 事 ，　旁 人 心 也 寒 ，

gǔ jiāo liè yàn lǐ　　hé ruò xué zhōng ān
骨 焦 烈 焰 里 ，　何 若 穴 中 安 ？
骨 焦 烈 焰 裏 ，　何 若 穴 中 安 ？

zōng zǔ suī rán yuǎn　　féng shí jì bì chéng
宗 祖 虽 然 远 ，　逢 时 祭 必 诚 ，
宗 祖 雖 然 遠 ，　逢 時 祭 必 誠 ，

mù mén qín bài sǎo　　hǎo zhǎn hòu rén qíng
墓 门 勤 拜 扫 ，　好 展 后 人 情 。
墓 門 勤 拜 掃 ，　好 展 後 人 情 。

rén zǐ yuán dāng xiào　　hái xū xīn fù tóng

人子原当孝，　还须新妇同，

人子原當孝，　還須新婦同，

（篆书）人子原當孝，　還須新婦同，

yì mén dōu xiào shùn　　jiā dào zì xīng lóng

一门都孝顺，　家道自兴隆。

一門都孝順，　家道自興隆。

（篆书）一門都孝順，　家道自興隆。

xí fù xiào gōng pó　　shén míng bǎo hù duō

媳妇孝公婆，　神明保护多，

媳婦孝公婆，　神明保護多，

（篆书）媳婦孝公婆，　神明保護多，

zhàng fū yí jiào xùn　　zuì hǎo yì jiā hé

丈夫宜教训，　最好一家和。

丈夫宜教訓，　最好一家和。

（篆书）丈夫宜教訓，　最好一家和。

ruò dào jǔ ér shí　　xū zhī suǒ yǐ cí

若 到 举 儿 时 ，　　须 知 所 以 慈 ，

若 到 舉 兒 時 ，　　須 知 所 以 慈 ，

（篆书）

jí yóu shāng bǎo nuǎn　　rèn yì biàn chéng chī

疾 由 伤 饱 暖 ，　　任 意 便 成 痴 。

疾 由 傷 飽 暖 ，　　任 意 便 成 癡 。

（篆书）

nì nǚ zuì kān shāng　　xīn cháng sì hǔ láng

溺 女 最 堪 伤 ，　　心 肠 似 虎 狼 ，

溺 女 最 堪 傷 ，　　心 腸 似 虎 狼 ，

（篆书）

jié yuān zhōng yǒu bào　　zāi nàn yì shēn dāng

结 冤 终 有 报 ，　　灾 难 一 身 当 。

結 冤 終 有 報 ，　　災 難 一 身 當 。

（篆书）

小
学
诗

yí yàng jiē rén mìng　　hé fēn nǔ yǔ nán
一样皆人命，何分女与男？

一樣皆人命，何分女與男？

（篆书）一樣皆人命，何分女與男？

mǔ qī yuán shì nǔ　　lǐ kě xì xīn cān
母妻原是女，理可细心参。

母妻原是女，理可細心參。

（篆书）母妻原是女，理可細心參。

ruò yǒu hòu qī shí　　mò jiāng qián zǐ yí
若有后妻时，莫将前子疑，

若有後妻時，莫將前子疑，

（篆书）若有後妻時，莫將前子疑，

zǐ wú qīn mǔ zài　　réng shì jǐ zhī ér
子无亲母在，仍是己之儿。

子無親母在，仍是己之兒。

（篆书）子無親母在，仍是己之兒。

hòu mǔ gèng xū cí　　qián ér jí jǐ ér
后 母 更 须 慈， 前 儿 即 己 儿，
後 母 更 須 慈， 前 兒 即 己 兒，

jǐ ér tǎng shī mǔ　　tā rì yì rú sī
己 儿 倘 失 母， 他 日 亦 如 斯。
己 兒 倘 失 母， 他 日 亦 如 斯。

jūn chén zhī yì
——君 臣 之 义

ruò dào wéi guān rì　　xū zhī bào guó ēn
若 到 为 官 日， 须 知 报 国 恩，
若 到 爲 官 日， 須 知 報 國 恩，

tǎng lìng tān yǔ kù　　wǎng dú shèng xián wén
倘 令 贪 与 酷， 枉 读 圣 贤 文。
倘 令 貪 與 酷， 枉 讀 聖 賢 文。

wú zú qǐ hé nián　　cháng gēng shèng shì tián

吾族起何年，　常耕圣世田，

吾族起何年，　常耕聖世田，

吾族起何年，　常耕聖世田，

kuàng jīn jiā yǐ zhí　　yù hòu gèng guāng qián

况今加以职，　裕后更光前。

況今加以職，　裕後更光前。

況今加以職，　裕後更光前。

guó shì rú jiā shì　　róng shēn xū zhì shēn

国事如家事，　荣身须致身，

國事如家事，　榮身須致身，

國事如家事，　榮身須致身，

zuò zhōng cái jìn xiào　　miǎn lì xué chún chén

作忠才尽孝，　勉力学纯臣。

作忠才盡孝，　勉力學純臣。

作忠才盡孝，　勉力學純臣。

mò yì qióng jū zhì　　xū zhī dá dào shí

莫易穷居志，　须知达道时，

莫易窮居志，　須知達道時，

（篆书）莫易窮居志，須知達道時，

cháo tíng chóng jué wèi　　cái dé yào xiāng yí

朝廷崇爵位，　才德要相宜。

朝廷崇爵位，　才德要相宜。

（篆书）朝廷崇爵位，才德要相宜。

tú shí tiān jiā lù　　tiǎn jū zhèng shì táng

徒食天家禄，　忝居政事堂，

徒食天家禄，　忝居政事堂，

（篆书）徒食天家禄，忝居政事堂，

cóng lái rú cǐ bèi　　jǐ gè jiǔ róng chāng

从来如此辈，　几个久荣昌？

從來如此輩，　幾個久榮昌？

（篆书）從來如此輩，幾個久榮昌？

85

yí rù gōng mén lǐ　　dāng quán zhèng hǎo xiū
一入公门里，　当权正好修，
一入公門裏，　當權正好修，
一入公門裏，　當權正好修，

hào kāi fāng biàn lù　　yīn dé zǐ sūn liú
好开方便路，　阴德子孙留。
好開方便路，　陰德子孫留。
好開方便路，　陰德子孫留。

ruò shuō cǎo mǎng chén　　jiào tiáo yào fèng zūn
若说草莽臣，　教条要奉遵，
若說草莽臣，　教條要奉遵，
若說草莽臣，　教條要奉遵，

rén rén xū shǒu fèn　　biàn shì zhào píng chūn
人人胥守分，　便是照平春。
人人胥守分，　便是照平春。
人人胥守分，　便是照平春。

gòng bǎ huáng ēn bào　　yín cáo xū zǎo wán

共 把 皇 恩 报，银 漕 须 早 完，

共 把 皇 恩 報，銀 漕 須 早 完，

共 把 皇 恩 報，銀 漕 須 早 完，

tǎng rán jiǔ tuō qiàn　　sì jì bù píng ān

倘 然 久 拖 欠，四 季 不 平 安。

倘 然 久 拖 欠，四 季 不 平 安。

倘 然 久 拖 欠，四 季 不 平 安。

tóng xiǎng chéng píng fú　　rén xū xué shàn liáng

同 享 承 平 福，人 须 学 善 良，

同 享 承 平 福，人 須 學 善 良，

同 享 承 平 福，人 須 學 善 良，

tǎng wéi xié jiào wù　　hé yǐ bào jūn wáng

倘 为 邪 教 误，何 以 报 君 王？

倘 爲 邪 教 誤，何 以 報 君 王？

倘 爲 邪 教 誤，何 以 報 君 王？

87

蒙学精要简繁篆三体字丛书

—— 男 女 之 别
nán nǚ zhī bié

fū fù qī xié lǎo　　píng jū guì zài hé

夫 妇 期 偕 老 ，　平 居 贵 在 和 ，

夫 婦 期 偕 老 ，　平 居 貴 在 和 ，

夫 婦 期 偕 老 ，　平 居 貴 在 和 ，

yì jiā xiāng rěn nài　　dé fú zì rán duō

一 家 相 忍 耐 ，　得 福 自 然 多 。

一 家 相 忍 耐 ，　得 福 自 然 多 。

一 家 相 忍 耐 ，　得 福 自 然 多 。

jiā yǒu xián qī zǐ　　fū nán shǎo huò yāng

家 有 贤 妻 子 ，　夫 男 少 祸 殃 ，

家 有 賢 妻 子 ，　夫 男 少 禍 殃 ，

家 有 賢 妻 子 ，　夫 男 少 禍 殃 ，

sān cóng jiān sì dé　　zì yǒu hǎo míng yáng

三 从 兼 四 德 ，　自 有 好 名 扬 。

三 從 兼 四 德 ，　自 有 好 名 揚 。

三 從 兼 四 德 ，　自 有 好 名 揚 。

娶妇休论色，　也休论嫁妆，
娶婦休論色，　也休論嫁妝，
（篆书）

惟须贤惠女，　好与过时光。
惟須賢惠女，　好與過時光。
（篆书）

择婿只宜贤，　切休索聘钱，
擇婿祇宜賢，　切休索聘錢，
（篆书）

女儿身所靠，　一误到何年？
女兒身所靠，　一誤到何年？
（篆书）

婚嫁宜从俭， 愚人外面装，

婚嫁宜從儉， 愚人外面裝，

惹将明者笑， 何算是排场？

惹將明者笑， 何算是排場？

男女阴阳判， 宜求廉耻全，

男女陰陽判， 宜求廉恥全，

男须名教重， 女以节操先。

男須名教重， 女以節操先。

nèi wài shì xiāng fēn　　qǐ jū gè yǒu qún

内外事相分，　起居各有群，

内外事相分，　起居各有群，

cóng lái xīng yè zhě　　guī fàn zhì jīn wén

从来兴业者，　闺范至今闻。

從來興業者，　閨範至今聞。

qì wù xiū xiāng jiǎ　　yǔ yán xiàn yǐ kǔn

器物休相假，　语言限以阃，

器物休相假，　語言限以閫，

fū qī yóu guì jìng　　bié lèi kuàng fēi lún

夫妻犹贵敬，　别类况非伦。

夫妻猶貴敬，　別類況非倫。

小学诗

戒尔休贪色，贪来性命伤，
戒爾休貪色，貪來性命傷，
戒爾休貪色，貪來性命傷，

骨髓倘已枯，药物总难偿。
骨髓倘已枯，藥物總難償。
骨髓倘已枯，藥物總難償。

况彼偷香者，心中未暗商。
況彼偷香者，心中未暗商。
況彼偷香者，心中未暗商。

自家有妻女，谁愿臭名扬？
自家有妻女，誰願臭名揚？
自家有妻女，誰願臭名揚？

jiàn sè xiū shēng xīn　tiān gōng běn huò yín

见色休生心，天公本祸淫。

見色休生心，天公本禍淫。

（篆书）見色休生心，天公本禍淫。

yì shí wù shī shǒu　bào chù zǒng mò jìn

一时误失守，报处总莫禁。

一時誤失守，報處總莫禁。

（篆书）一時誤失守，報處總莫禁。

zhǎng yòu zhī xù

—— 长 幼 之 序

xiōng dì zuì xiāng qīn　yuán lái yì běn shēng

兄弟最相亲，原来一本生，

兄弟最相親，原來一本生，

（篆书）兄弟最相親，原來一本生，

xiōng yīng ài qí dì　dì bì jìng qí xiōng

兄应爱其弟，弟必敬其兄。

兄應愛其弟，弟必敬其兄。

（篆书）兄應愛其弟，弟必敬其兄。

gǔ ròu jiàn tiān zhēn　qián cái wù jì lùn
骨 肉 见 天 真，钱 财 勿 计 论，
骨 肉 見 天 真，錢 財 勿 計 論，
（篆书）

yǔ yán xiū jí qiè　yán sè yào xīn xīn
语 言 休 急 切，颜 色 要 欣 欣。
語 言 休 急 切，顏 色 要 欣 欣。
（篆书）

zhǎng yòu jiē ā sì　qīn xīn zǒng guà yíng
长 幼 皆 阿 嗣，亲 心 总 挂 萦，
長 幼 皆 阿 嗣，親 心 總 挂 縈，
（篆书）

tóng bāo kàn qīn miàn　qiè jiè wù shāng qíng
同 胞 看 亲 面，切 戒 勿 伤 情。
同 胞 看 親 面，切 戒 勿 傷 情。
（篆书）

shì hǎo qīn xiōng dì　　xiū jiāng liǎng ěr piān
式 好 亲 兄 弟 ，　休 将 两 耳 偏 ，
式 好 親 兄 弟 ，　休 將 兩 耳 偏 ，

zhì qīn néng yǒu jǐ　　shǎo tīng zhěn biān yán
至 亲 能 有 几 ？　少 听 枕 边 言 。
至 親 能 有 幾 ？　少 聽 枕 邊 言 。

rù ěr duō xián huà　　suì jiāng xiōng dì shū
入 耳 多 闲 话 ，　遂 将 兄 弟 疏 ，
入 耳 多 閑 話 ，　遂 將 兄 弟 疏 ，

yīn shū chéng shuǐ huǒ　　shì xiǎng tí xié chū
因 疏 成 水 火 ，　试 想 提 携 初 。
因 疏 成 水 火 ，　試 想 提 携 初 。

95

tóng qì lián zhī zhòng xiū jiāng zǐ mèi qīng
同 气 连 枝 重 ， 休 将 姊 妹 轻 。
同 氣 連 枝 重 ， 休 將 姊 妹 輕 。

tǎng lìng ēn huì bó fù mǔ àn shāng qíng
倘 令 恩 惠 薄 ， 父 母 暗 伤 情 。
倘 令 恩 惠 薄 ， 父 母 暗 傷 情 。

bó shū xū zūn jìng tóng táng yì zuì qīn
伯 叔 须 尊 敬 ， 同 堂 谊 最 亲 ，
伯 叔 須 尊 敬 ， 同 堂 誼 最 親 ，

jū jiā tuī zhǎng shàng xiāng dài guì yīn qín
居 家 推 长 上 ， 相 待 贵 殷 勤 。
居 家 推 長 上 ， 相 待 貴 殷 勤 。

xiōng zǐ rú wú zǐ　　dì ér jí jǐ ér
兄子如吾子，弟儿即己儿，

兄子如吾子，弟兒即己兒，

hé xū fēn bié kàn　　yí shì liǎng shēng yí
何须分别看，一室两生疑。

何须分别看，一室两生疑。

zōng zú yí hé mù　　xiāng lín yào ràng tuī
宗族宜和睦，乡邻要让推，

宗族宜和睦，鄉鄰要讓推，

sī háo cún kè bó　　yuàn qì zhāo zhī lái
丝毫存刻薄，怨气招之来。

絲毫存刻薄，怨氣招之來。

小学诗

yǐn shí xíng mián zuò　　dōu yí zhǎng zhě xiān

饮 食 行 眠 坐，　都 宜 长 者 先。

飲 食 行 眠 坐，　都 宜 長 者 先。

（篆书）

cǐ zhōng tiān xiǎn zài　　yī yàng jì qián xián

此 中 天 显 在，　依 样 继 前 贤。

此 中 天 顯 在，　依 樣 繼 前 賢。

（篆书）

fù dài gēng yún jí　　xū zhī yòu zhě yí

负 戴 耕 耘 汲，　须 知 幼 者 宜，

負 戴 耕 耘 汲，　須 知 幼 者 宜，

（篆书）

fāng gāng nián fù rì　　bān bái lì shuāi shí

方 刚 年 富 日，　斑 白 力 衰 时。

方 剛 年 富 日，　斑 白 力 衰 時。

（篆书）

蒙学精要简繁篆三体字丛书

—— 朋友之信

péng yǒu zhī xìn

友道宜相敬， 端人耐久交，
yǒu dào yí xiāng jìng　duān rén nài jiǔ jiāo

友道宜相敬， 端人耐久交，

知心千古事， 怀诈岂英豪？
zhī xīn qiān gǔ shì　huái zhà qǐ yīng háo

知心千古事， 懷詐豈英豪？

劝善兼规过， 良朋所以裁，
quàn shàn jiān guī guò　liáng péng suǒ yǐ cái

勸善兼規過， 良朋所以裁，

倘然相戏骂， 谁复劝规来？
tǎng rán xiāng xì mà　shuí fù quàn guī lái

倘然相戲罵， 誰復勸規來？

99

jiǔ ròu fēi péng yǒu　　xū fáng rù xià liú

酒 肉 非 朋 友，　须 防 入 下 流，

酒 肉 非 朋 友，　須 防 入 下 流，

（篆书）酒 肉 非 朋 友，　須 防 人 下 流，

shí qīn fāng zhèng shì　　yǎ fàn zì jiā qiú

时 亲 方 正 士，　雅 范 自 家 求。

時 親 方 正 士，　雅 範 自 家 求。

（篆书）時 親 方 正 士，　雅 範 自 家 求。

jiāo yǒu jìn xián liáng　　zhī lán shì nèi cáng

交 友 尽 贤 良，　芝 兰 室 内 藏，

交 友 盡 賢 良，　芝 蘭 室 內 藏，

（篆书）交 友 盡 賢 良，　芝 蘭 室 內 藏，

mǎn shēn jiē fù yù　　bú yì zhī lán xiāng

满 身 皆 馥 郁，　不 异 芝 兰 香。

滿 身 皆 馥 郁，　不 異 芝 蘭 香。

（篆书）滿 身 皆 馥 郁，　不 異 芝 蘭 香。

蒙学精要简繁篆三体字丛书

hào yǔ bù xián yóu
好 与 不 贤 游 ，
好 與 不 賢 遊 ，

bào yú sì lǐ tóu
鲍 鱼 肆 里 投 ，
鲍 魚 肆 裏 投 ，

mǎn shēn xīng chòu qì
满 身 腥 臭 气 ，
滿 身 腥 臭 氣 ，

jìn shì bào yú liú
尽 是 鲍 鱼 留 。
盡 是 鲍 魚 留 。

zhí yǒu yán wú huì
直 友 言 无 讳 ，
直 友 言 無 諱 ，

xiū yún bú yuàn tīng
休 云 不 愿 听 ，
休 云 不 願 聽 ，

tīng yán guò zì shǎo
听 言 过 自 少 ，
聽 言 過 自 少 ，

yì lǐ bǐng rú xīng
义 理 炳 如 星 。
義 理 炳 如 星 。

tǎng xǐ rén yù wǒ　　yù yán rì yì duō

倘喜人誉我，誉言日益多，

倘喜人譽我，譽言日益多，

（篆书）倘喜人譽我，譽言日益多，

yù duō yīn zì shì　　yì lǐ jiàn xiāo mó

誉多因自是，义理渐消磨。

譽多因自是，義理漸消磨。

（篆书）譽多因自是，義理漸消磨。

liàng zhě yǐ xīn jiāo　　xiāng tóu děng qī jiāo

谅者以心交，相投等漆胶，

諒者以心交，相投等漆膠，

（篆书）諒者以心交，相投等漆膠，

zòng rán dāng huàn nàn　　tuō bì sì tóng bāo

纵然当患难，托庇似同胞。

縱然當患難，托庇似同胞。

（篆书）縱然當患難，托庇似同胞。

shì yǒu miàn jiāo zhě　　zuǐ tián kǔ zài xīn

世有面交者，嘴甜苦在心，

世有面交者，嘴甜苦在心，

世有面交者，嘴甜苦在心，

nì wú xiāng jiù yì　　xià shí zhuì yù shēn

溺无相救意，下石坠愈深。

溺無相救意，下石墜愈深。

溺无相救意，下石墜愈深。

quàn ěr fǔ qīng nián　　xiāng jiāo zé bì xiān

劝尔甫青年，相交择必先，

勸爾甫青年，相交擇必先，

勸爾甫青年，相交擇必先，

qí zhōng guān xì dà　　bì shì pàn yú xián

其中关系大，毕世判愚贤。

其中關系大，畢世判愚賢。

其中關系大，畢世判愚賢。

dài wǒ yǒu shēn zhōng　　wù jié rén zhī zhōng

待我有深衷，　勿竭人之忠，

待我有深衷，　勿竭人之忠，

待我有深衷，　勿竭人之忠，

jié zhōng xián xì chū　　jiāo yǒu qǐ néng zhōng

竭忠嫌隙出，　交友岂能终？

竭忠嫌隙出，　交友豈能終？

竭忠嫌隙出，　交友豈能終？

yǔ wǒ xiù rú lán　　wù jìn rén zhī huān

与我臭如兰，　勿尽人之欢，

與我臭如蘭，　勿盡人之歡，

與我臭如蘭，　勿盡人之歡，

jìn huān liú yì lù　　zì gù fǎn nán ān

尽欢流意露，　自顾反难安。

盡歡流意露，　自顧反難安。

盡歡流意露，　自顧反難安。

wǒ ruò dài péng yǒu　　shí shí yào jìn qíng
我 若 待 朋 友，　　时 时 要 尽 情，

我 若 待 朋 友，　　時 時 要 盡 情，

（篆书）我 若 待 朋 友，　　時 時 要 盡 情，

zòng yún rén jiàn gé　　jiǔ yě zì fēn míng
纵 云 人 间 隔，　　久 也 自 分 明。

縱 云 人 間 隔，　　久 也 自 分 明。

（篆书）縱 云 人 間 隔，　　久 也 自 分 明。

jìng shēn dì sān
敬 身 第 三

zhuāng jìng shí shí qiáng　　sì ān rì rì tōu
庄 敬 时 时 强，　　肆 安 日 日 偷，

莊 敬 時 時 強，　　肆 安 日 日 偷，

（篆书）莊 敬 時 時 強，　　肆 安 日 日 偷，

xiǎo rén jūn zǐ lù　　cóng cǐ pàn qiān qiū
小 人 君 子 路，　　从 此 判 千 秋。

小 人 君 子 路，　　從 此 判 千 秋。

（篆书）小 人 君 子 路，　　從 此 判 千 秋。

jūn zǐ zǒng xū xīn　　jiāo jīn shì xiǎo rén

君子总虚心，骄矜是小人，

君子總虛心，驕矜是小人，

君子總虛心，驕矜是小人，

huí tóu bú rèn cuò　　yí wù dào zhōng shēn

回头不认错，贻误到终身。

回頭不認錯，貽誤到終身。

回頭不認錯，貽誤到終身。

yán yǔ xū hé qì　　yī guān guì sù qí

言语须和气，衣冠贵肃齐，

言語須和氣，衣冠貴肅齊，

言語須和氣，衣冠貴肅齊，

hǎo jiāng rén pǐn lì　　fāng kě bù yún tī

好将人品立，方可步云梯。

好將人品立，方可步雲梯。

好將人品立，方可步雲梯。

huǎng huà shuō lián piān　　nán mán tóu shàng tiān
谎 话 说 连 篇 ，　　难 瞒 头 上 天 ，
謊 話 說 連 篇 ，　　難 瞞 頭 上 天 ，

tǎng lìng rén kàn pò　　bù zhí bàn wén qián
倘 令 人 看 破 ，　　不 值 半 文 钱 。
倘 令 人 看 破 ，　　不 值 半 文 錢 。

mò shuō tā rén duǎn　　rén rén ài jǐ míng
莫 说 他 人 短 ，　　人 人 爱 己 名 ，
莫 說 他 人 短 ，　　人 人 愛 己 名 ，

wǎng jiāng yīn zhì sǔn　　kuàng yǒu shì fēi shēng
枉 将 阴 骘 损 ，　　况 有 是 非 生 。
枉 將 陰 騭 損 ，　　況 有 是 非 生 。

bān shì bān fēi zhě　　yuān jiā jié zuì shēn

搬是搬非者，冤家结最深，

搬是搬非者，冤家結最深，

（篆文）搬是搬非者，冤家結最深，

zhōng xū bǎ è bào　　bá qù shé tóu gēn

终须把恶报，拔去舌头根。

終須把惡報，拔去舌頭根。

（篆文）終須把惡報，拔去舌頭根。

jiǎn pǔ zuì wéi liáng　　shē huá bù jiǔ cháng

俭朴最为良，奢华不久长，

儉樸最爲良，奢華不久長，

（篆文）儉樸最爲良，奢華不久長，

cū yī yǔ dàn fàn　　yě hǎo guò shí guāng

粗衣与淡饭，也好过时光。

粗衣與淡飯，也好過時光。

（篆文）粗衣與淡飯，也好過時光。

靡费真无益，　空云体面装，
mí fèi zhēn wú yì　kōng yún tǐ miàn zhuāng

靡費真無益，　空云體面裝，

省来行善事，　积尔子孙昌。
shěng lái xíng shàn shì　jī ěr zǐ sūn chāng

省來行善事，　積爾子孫昌。

酒醉最伤人，　糊涂误性真，
jiǔ zuì zuì shāng rén　hú tú wù xìng zhēn

酒醉最傷人，　糊塗誤性真，

况多成痼疾，　贻患到双亲。
kuàng duō chéng gù jí　yí huàn dào shuāng qīn

況多成痼疾，　貽患到雙親。

109

jī dé zhōng chāng shèng　qī xīn yuè kùn qióng

积德终昌盛，欺心越困穷，

積德終昌盛，欺心越困窮，

（篆书）積德終昌盛，欺心越困窮，

yuǎn jīn jiān què sè　dì yī dà yīn gōng

远金兼却色，第一大阴功。

遠金兼却色，第一大陰功。

（篆书）遠金兼却色，第一大陰功。

yín luàn jiān xié shì　yuán fēi rén suǒ wéi

淫乱奸邪事，原非人所为，

淫亂奸邪事，原非人所爲，

（篆书）淫亂奸邪事，原非人所爲，

shǒu shēn rú bái yù　yì diǎn wù qīng kuī

守身如白玉，一点勿轻亏。

守身如白玉，一點勿輕虧。

（篆书）守身如白玉，一點勿輕虧。

nián shào shū shēng bèi
年少书生辈，

yín shū bù kě kàn
淫书不可看，

年少書生輩，淫書不可看，

àn zhōng duō zhuó sàng
暗中多斫丧，

bái bì kǒng nán wán
白璧恐难完。

暗中多斫喪，白璧恐難完。

huā gǔ tān huáng xì
花鼓滩簧戏，

rén shēng qiè mò kàn
人生切莫看，

花鼓灘簧戲，人生切莫看，

wàng lián bìng shāng chǐ
忘廉并伤耻，

shòu hài wàn qiān bān
受害万千般。

忘廉并傷恥，受害萬千般。

淫 戏 休 宜 点， 何 人 不 动 情？
yín xì xiū yí diǎn hé rén bú dòng qíng

淫 戲 休 宜 點， 何 人 不 動 情？

（篆书）淫戲休宜點，何人不動情？

害 人 还 自 害， 妻 女 败 名 声。
hài rén hái zì hài qī nǚ bài míng shēng

害 人 還 自 害， 妻 女 敗 名 聲。

（篆书）害人還自害，妻女敗名聲。

戒 尔 勿 贪 财， 贪 财 便 有 灾，
jiè ěr wù tān cái tān cái biàn yǒu zāi

戒 爾 勿 貪 財， 貪 財 便 有 災，

（篆书）戒爾勿貪財，貪財便有災，

此 中 原 有 数， 何 必 苦 求 来。
cǐ zhōng yuán yǒu shù hé bì kǔ qiú lái

此 中 原 有 數， 何 必 苦 求 來。

（篆书）此中原有數，何必苦求來。

cái wù yǎn qián huā　　lái shí qiě màn kuā
财 物 眼 前 花 ，　来 时 且 漫 夸 ，

財 物 眼 前 花 ，　來 時 且 漫 誇 ，

（篆书）财 物 眼 前 花 ，　來 時 且 漫 誇 ，

xì jiāng tiān lǐ xiǎng　　wù shǐ niàn tóu chā
细 将 天 理 想 ，　勿 使 念 头 差 。

細 將 天 理 想 ，　勿 使 念 頭 差 。

（篆书）細 將 天 理 想 ，　勿 使 念 頭 差 。

mò qǔ rén cái wù　　liáng xīn jìng fú lùn
莫 取 人 财 物 ，　良 心 竟 弗 论 ，

莫 取 人 財 物 ，　良 心 競 弗 論 ，

（篆书）莫 取 人 財 物 ，　良 心 競 弗 論 ，

yín qián suī dào shǒu　　miàn mù bù liú cún
银 钱 虽 到 手 ，　面 目 不 留 存 。

銀 錢 雖 到 手 ，　面 目 不 留 存 。

（篆书）銀 錢 雖 到 手 ，　面 目 不 留 存 。

shì yǒu hēi xīn rén móu cái tiǎo huò gēn

世有黑心人，　谋财挑祸根，

世有黑心人，　謀財挑禍根，

世有黑心人，　謀財挑禍根，（篆书）

qīng tiān lái pī lì cái qù mìng nán cún

青天来霹雳，　财去命难存。

青天來霹靂，　財去命難存。

青天來霹靂，　財去命難存。（篆书）

qióng hàn xiǎo shēng yì quán jiā yǎng lì qín

穷汉小生意，　全家仰力勤，

窮漢小生意，　全家仰力勤，

窮漢小生意，　全家仰力勤，（篆书）

dé qián néng yǒu jǐ mò yǔ zhēng háo fēn

得钱能有几，　莫与争毫分。

得錢能有幾，　莫與争毫分。

得錢能有幾，　莫與争毫分。（篆书）

tián chǎn xiū zhēng duó　　kōng jiāng qíng yì shāng

田 产 休 争 夺，　空 将 情 义 伤，

田 産 休 争 奪，　空 將 情 義 傷，

qū qū shēn wài wù　　shéi bǎo bǎi nián cháng

区 区 身 外 物，　谁 保 百 年 长？

區 區 身 外 物，　誰 保 百 年 長？

cái shì nán cháng kào　　qī rén wù tài kuáng

财 势 难 长 靠，　欺 人 勿 太 狂，

財 勢 難 長 靠，　欺 人 勿 太 狂，

qǐng kàn wéi è zhě　　nǎ gè hǎo shōu chǎng

请 看 为 恶 者，　那 个 好 收 场？

請 看 爲 惡 者，　那 個 好 收 場？

xián qì mò xiāng zhēng　　tú rán hài zì shēn

闲气莫相争，徒然害自身。

閑氣莫相爭，徒然害自身。

（篆书）

shàn rén tiān bǎo yòu　　hé bì nào fēn fēn

善人天保佑，何必闹纷纷？

善人天保佑，何必鬧紛紛？

（篆书）

dòu qì zhēn yú zhuō　　gān jiāng xìng mìng qīng

斗气真愚拙，甘将性命轻，

鬥氣真愚拙，甘將性命輕，

（篆书）

wàng shēn wàng fù mǔ　　bú xiào zuì fēn míng

忘身忘父母，不孝罪分明。

忘身忘父母，不孝罪分明。

（篆书）

116

kǒu jué xì wēi shì　　hé fáng ràng jǐ fēn
口 角 细 微 事， 何 妨 让 几 分，
口 角 細 微 事， 何 妨 讓 幾 分，

cóng lái dà zāi nàn　　duō wèi xiǎo zhēng fēn
从 来 大 灾 难， 多 为 小 争 纷。
從 來 大 灾 難， 多 爲 小 争 紛。

guān fǎ kǔ nán áo　　xiāng zhēng shǒu wú jiāo
官 法 苦 难 熬， 相 争 手 无 交，
官 法 苦 難 熬， 相 争 手 無 交，

tǎng rán shāng xìng mìng　　shéi kěn dài jiān láo
倘 然 伤 性 命， 谁 肯 代 监 牢？
倘 然 傷 性 命， 誰 肯 代 監 牢？

xiǎo yuàn wǎng zhēng dòu　　páng rén qiè wù bāng

小 怨 枉 争 斗 ， 旁 人 切 勿 帮 ，

小 怨 枉 争 鬥 ， 旁 人 切 勿 幫 ，

（篆书）

xū zhī rén mìng zhòng　　rě chū dà zāi yāng

须 知 人 命 重 ， 惹 出 大 灾 殃 。

須 知 人 命 重 ， 惹 出 大 灾 殃 。

（篆书）

zhēng sòng yí hé xī　　guān shì qiè wù chéng

争 讼 宜 和 息 ， 官 事 切 勿 成 ，

争 訟 宜 和 息 ， 官 事 切 勿 成 ，

（篆书）

yǒu qián xíng hǎo shì　　lè dé xiǎng ān píng

有 钱 行 好 事 ， 乐 得 享 安 平 。

有 錢 行 好 事 ， 樂 得 享 安 平 。

（篆书）

jié sòng zuì wéi yú　　　jiā cái dàng jìn wú
结 讼 最 为 愚 ，　家 财 荡 尽 无 ，

結 訟 最 爲 愚 ，　家 財 蕩 盡 無 ，

結 訟 最 爲 愚 ，　家 財 蕩 盡 無 ，

kě lián máng lù lù　　　yíng dé yě quán shū
可 怜 忙 碌 碌 ，　赢 得 也 全 输 。

可 憐 忙 碌 碌 ，　贏 得 也 全 輸 。

可 憐 忙 碌 碌 ，　贏 得 也 全 輸 。

suō sòng xīn cháng huài　　míng míng bú shì rén
唆 讼 心 肠 坏 ，　明 明 不 是 人 ，

唆 訟 心 腸 壞 ，　明 明 不 是 人 ，

唆 訟 心 腸 壞 ，　明 明 不 是 人 ，

àn zhōng suī qǔ lì　　　huò huàn yí ér sūn
暗 中 虽 取 利 ，　祸 患 贻 儿 孙 。

暗 中 雖 取 利 ，　禍 患 貽 兒 孫 。

暗 中 雖 取 利 ，　禍 患 貽 兒 孫 。

yí zì qiān jīn zhí　　cún xīn mò fàng diāo

一字千金值，　存心莫放刁，

一字千金值，　存心莫放刁，

一字千金值，　存心莫放刁，

yǒu cái xū shàn yòng　　wù shǐ bǐ rú dāo

有才须善用，　勿使笔如刀。

有才須善用，　勿使筆如刀。

有才须善用，　勿使笔如刀。

tiān dào zuì gōng píng　　pián yí wù zhàn rén

天道最公平，　便宜勿占人，

天道最公平，　便宜勿占人，

天道最公平，　便宜勿占人，

tiān kuān bìng dì kuò　　hé fú ràng sān fēn

天宽并地阔，　何弗让三分？

天寬并地闊，　何弗讓三分？

天宽并地阔，　何弗让三分？

dù liàng xū kuān dà　　jiāng xīn hǎo bǐ xīn
度量须宽大，将心好比心，
度量須寬大，將心好比心，
（篆文）度量須寬大，將心好比心，

liàng kuān zhōng yǒu fú　　hé kǔ xué xiōng rén
量宽终有福，何苦学凶人？
量寬終有福，何苦學凶人？
（篆文）量寬終有福，何苦學凶人？

zuò è héng háng bèi　　pián yí zhǐ zhàn xiān
作恶横行辈，便宜只占先，
作惡橫行輩，便宜祇占先，
（篆文）作惡橫行輩，便宜祇占先，

yì zhāo zāi nàn dào　　dà cuò huǐ cóng qián
一朝灾难到，大错悔从前。
一朝灾難到，大錯悔從前。
（篆文）一朝灾難到，大錯悔從前。

jìng bú wèi wáng fǎ　　hào diāo yǔ chěng xiōng

竟不畏王法，好刁与逞凶，

竟不畏王法，好刁與逞凶，

竟不畏王法，好刁與逞凶，

qī rén xīn dì huài　　tóu shàng yǒu tiān gōng

欺人心地坏，头上有天公。

欺人心地壞，頭上有天公。

欺人心地壞，頭上有天公。

fù yì wàng ēn zhě　　yuán lái bú shì rén

负义忘恩者，原来不是人，

負義忘恩者，原來不是人，

負義忘恩者，原來不是人，

shì cóng qīng yè lǐ　　zǐ xì xǐng qí shēn

试从清夜里，仔细省其身。

試從清夜裏，仔細省其身。

試從清夜裏，仔細省其身。

fán shì suí tiān duàn　　hé xū tài rèn zhēn

凡 事 随 天 断 ， 何 须 太 认 真 ，

凡 事 隨 天 斷 ， 何 須 太 認 真 ，

bù fáng ān wú fèn　　zuò gè chī kuī rén

不 妨 安 吾 分 ， 做 个 吃 亏 人 。

不 妨 安 吾 分 ， 做 個 吃 虧 人 。

shéi bǎo cháng wú shì　　píng jū wú xiào rén

谁 保 常 无 事 ， 平 居 毋 笑 人 ，

誰 保 常 無 事 ， 平 居 毋 笑 人 ，

zì jiā hái zhào gù　　kàn ěr hòu lái shēn

自 家 还 照 顾 ， 看 尔 后 来 身 。

自 家 還 照 顧 ， 看 爾 后 來 身 。

yù wàng hòu rén xián　　wú rú jī shàn xiān
欲望后人贤，无如积善先。
欲望後人賢，無如積善先。
欲望後人賢，無如積善先。

lín zhōng kōng shǒu qù　　nán dài yì wén qián
临终空手去，难带一文钱。
臨終空手去，難帶一文錢。
臨終空手去，難帶一文錢。

shēng yì jīng yíng kè　　qián cái zǒng zài tiān
生意经营客，钱财总在天，
生意經營客，錢財總在天，
生意經營客，錢財總在天，

liú xīn néng jī dé　　míng qù àn zhōng tiān
留心能积德，明去暗中添。
留心能積德，明去暗中添。
留心能積德，明去暗中添。

shàn shì zhū bān hǎo　　wú rú jiù mìng xiān
善事诸般好，　无如救命先，

善事諸般好，　無如救命先，

（篆书）善事諸般好，　無如救命先，

bǎo yīng néng jī huì　　gōng dé dà wú biān
保婴能积会，　功德大无边。

保嬰能積會，　功德大無邊。

（篆书）保嬰能積會，　功德大無邊。

jí nàn rén rén yǒu　　shāng xīn kě nài hé
急难人人有，　伤心可奈何，

急難人人有，　傷心可奈何，

（篆书）急難人人有，　傷心可奈何，

cǐ shí wéi jiě jiù　　yīn dé jī duō duō
此时为解救，　阴德积多多。

此時爲解救，　陰德積多多。

（篆书）此時爲解救，　陰德積多多。

gèng quàn shàng tóu rén　　xiū jiāng bì pú qīng

更劝上头人，　　休将婢仆轻，

更勸上頭人，　　休將婢僕輕，

（篆文）

yì bān pí yǔ ròu　　yě shì fù niáng shēng

一般皮与肉，　　也是父娘生。

一般皮與肉，　　也是父娘生。

（篆文）

wàn wù zǒng tān shēng　　xū cún cè yǐn xīn

万物总贪生，　　须存恻隐心，

萬物總貪生，　　須存惻隱心，

（篆文）

fàng shēng kān jī dé　　lù shòu hǎo péi gēn

放生堪积德，　　禄寿好培根。

放生堪積德，　　禄壽好培根。

（篆文）

qín niǎo mò qīng shāng　　qīng shāng tòng duàn cháng
禽 鸟 莫 轻 伤 ，　　 轻 伤 痛 断 肠 ，

禽 鳥 莫 輕 傷 ，　　 輕 傷 痛 斷 腸 ，

（篆书）禽 鳥 莫 輕 傷 ，　　 輕 傷 痛 斷 腸 ，

shā shēng duō sǔn shòu　　lì hài xì sī liáng
杀 生 多 损 寿 ，　　 利 害 细 思 量 。

殺 生 多 損 壽 ，　　 利 害 細 思 量 。

（篆书）殺 生 多 損 壽 ，　　 利 害 細 思 量 。

zī wèi wù duō tān　　shēng líng hài bǎi bān
滋 味 勿 多 贪 ，　　 生 灵 害 百 般 ，

滋 味 勿 多 貪 ，　　 生 靈 害 百 般 ，

（篆书）滋 味 勿 多 貪 ，　　 生 靈 害 百 般 ，

zhà guò sān cùn shé　　shéi gèng biàn xián suān
乍 过 三 寸 舌 ，　　 谁 更 辨 咸 酸 ？

乍 過 三 寸 舌 ，　　 誰 更 辨 鹹 酸 ？

（篆书）乍 過 三 寸 舌 ，　　 誰 更 辨 鹹 酸 ？

niú quǎn yǔ tián wā　　gōng láo bǎi bèi jiā

牛 犬 与 田 蛙 ，　功 劳 百 倍 加 ，

牛 犬 與 田 蛙 ，　功 勞 百 倍 加 ，

（篆书）

yì mén néng jiè shí　　wēn yì miǎn quán jiā

一 门 能 戒 食 ，　瘟 疫 免 全 家 。

一 門 能 戒 食 ，　瘟 疫 免 全 家 。

（篆书）

xī zì yì qiān qiān　　yīng zēng shòu yì nián

惜 字 一 千 千 ，　应 增 寿 一 年 ，

惜 字 一 千 千 ，　應 增 壽 一 年 ，

（篆书）

gōng míng zhōng yǒu fèn　　gèng dé zǐ sūn xián

功 名 终 有 分 ，　更 得 子 孙 贤 。

功 名 終 有 分 ，　更 得 子 孫 賢 。

（篆书）

zì zhǐ qì huī duī　　tiān yāng jí kè lái
字 纸 弃 灰 堆，　　天 殃 即 刻 来，

字 紙 棄 灰 堆，　　天 殃 即 刻 來，

hǎo jiāng qín shí qǔ　　miǎn nàn gèng xiāo zāi
好 将 勤 拾 取，　　免 难 更 消 灾。

好 將 勤 拾 取，　　免 難 更 消 灾。

wǔ gǔ xiū pāo qì　　xū zhī huó mìng gēn
五 谷 休 抛 弃，　　须 知 活 命 根，

五 穀 休 抛 棄，　　須 知 活 命 根，

shí shí néng xī gǔ　　biàn shì fú zhī mén
时 时 能 惜 谷，　　便 是 福 之 门。

時 時 能 惜 穀，　　便 是 福 之 門。

蒙学精要简繁篆三体字丛书

mò rù dǔ qián chǎng　　rú tóu xiàn mǎ kēng

莫入赌钱场，如投陷马坑，

莫入賭錢場，如投陷馬坑，

（篆文）莫入賭錢場，如投陷馬坑，

zhōng shēn cóng cǐ wù　　jiā yè bì xiāo qīng

终身从此误，家业必消倾。

終身從此誤，家業必消傾。

（篆文）終身從此誤，家業必消傾。

dì yī shāng rén wù　　wú rú yā piàn yān

第一伤人物，无如鸦片烟，

第一傷人物，無如鴉片烟，

（篆文）第一傷人物，無如鴉片烟，

cǐ zhōng guān jié shù　　míng zhě bì wéi xiān

此中关劫数，明者避为先。

此中關劫數，明者避爲先。

（篆文）此中關劫數，明者避爲先。

guò shī xū dāng gǎi　　rén shēng jǐ shí qiū

过失须当改，　人生几十秋，

過失須當改，　人生幾十秋，

时来原不再，　急速早回头。

shí lái yuán bú zài　　jí sù zǎo huí tóu

时来原不再，　急速早回头。

時來原不再，　急速早回頭。

tiān dì xū zhī jìng　　qīng chén yī zhù xiāng

天地须知敬，　清晨一炷香，

天地須知敬，　清晨一炷香，

kuī xīn duō shǎo shì　　měi rì xì sī liáng

亏心多少事，　每日细思量。

虧心多少事，　每日細思量。

àn dì wù kuī xīn　　xū fáng jiàn chá shén
暗地勿亏心，　　须防鉴察神，
暗地勿虧心，　　須防鑒察神，

niàn tóu fāng dòng chù　　tiān jiè yǐ zhī wén
念头方动处，　　天界已知闻。
念頭方動處，　　天界已知聞。

zhèng shì xū cháng gàn　　xiū xún yì lè fāng
正事须常干，　　休寻逸乐方，
正事須常幹，　　休尋逸樂方，

shì kàn qín lì zhě　　jiā zì yǒu yú liáng
试看勤力者，　　家自有余粮。
試看勤力者，　　家自有餘糧。

jì yì suí rén xué　yíng shēng dào chù xún
技艺随人学，营生到处寻，
技藝隨人學，營生到處尋，
（篆书）

yì shēng qín yǔ jiǎn　miǎn dé qù qiú rén
一生勤与俭，免得去求人。
一生勤與儉，免得去求人。
（篆书）

jí shèng bài zhī jī　jí shuāi xīng yǒu shí
极盛败之基，极衰兴有时，
極盛敗之基，極衰興有時，
（篆书）

xún huán guān qì shù　lì mìng zài rén wéi
循环关气数，立命在人为。
循環關氣數，立命在人爲。
（篆书）

zhōng guó míng jiào dì　　tiān shēng wéi zhàng fū

中国名教地，　天生为丈夫，

中國名教地，　天生爲丈夫，

中國名教地，　天生爲丈夫，

zhì yú xián bú xiào　　zhǐ shì niàn tóu shū

智愚贤不肖，　只是念头殊。

智愚賢不肖，　祇是念頭殊。

智愚賢不肖，　祇是念頭殊。

shī jù míng míng shì　　liáng yán zhí wàn jīn

诗句明明示，　良言值万金，

詩句明明示，　良言值萬金，

詩句明明示，　良言值萬金，

shàn rén zhōng jiū hǎo　　tiān dào bù kuī rén

善人终究好，　天道不亏人。

善人終究好，　天道不虧人。

善人終究好，　天道不虧人。

参考资料版本备注

识字百科类

《三字经　百家姓　千字文》

三字经：宋末王应麟撰，参校上海古籍出版社2017年9月第1版。

百家姓：北宋钱塘老儒编撰，参校上海古籍出版社2017年9月第1版。

千字文：南北朝周兴嗣编撰（隋志），参校上海古籍出版社2017年9月第1版。

《急就篇　弟子职　小学诗》

急就篇：史游撰（汉志），颜师古注，王应麟补注。以天壤阁丛书本影印为底本，参酌古逸丛书本及中华书局2014年8月北京第1版。

弟子职：管仲撰（汉志），清王筠注，咸丰刊王氏四种本。

小学诗：清谢泰阶撰，参校吉林美术出版社2015年8月第1版。

伦理训诫类

《弟子规　太公家教　朱子家训》

弟子规：清代李毓秀撰，参校中华书局2009年3月第1版。

太公家教：鸣沙石室佚书，参校中华书局2014年8月北京第1版。

朱子家训：《朱子家训》南宋朱熹撰，出自《紫阳朱氏宗谱》。《朱子治家格言》明末儒者朱用纯（号柏庐）著，参酌西泠印社2012年12月第1版。

诗歌音韵类

《千家诗　神童诗》

千家诗：宋谢枋得《增补重订千家诗》与明王相选注《五言千家诗》合刊本，参酌中华书局2009年9月北京第1版。

神童诗：北宋汪洙撰，李光明庄刊，参酌其他版本。

《声律启蒙》

声律启蒙：元祝明撰，清车万育续，采用光绪十四年刊，参酌南京大学出版社2014年1月第1版。

名物典故类

《性理字训　名物蒙求　历代蒙求》

性理字训：宋程若庸撰，采用朱升明刊本，清初复刊本，参酌中国致公出版社1995年3月第1版。

名物蒙求：南宋方蓬辰撰，采用朱升明刊本，清初复刊本，参酌中国致公出版社1995年3月第1版。

历代蒙求：元陈栎撰，采用朱升明刊本，清初复刊本，参酌中国致公出版社1995年3月第1版。

《五字鉴》

五字鉴：明李廷机著，清邹圣脉增补，参校东南大学出版社2010年5月第1版。

儒学要典类

《孝经　素书》

孝经：曾子及门生撰，采用清代《四库全书》版本，参酌中国华侨出版社2011年10月第1版。

素书：秦黄石公撰，采用清代《四库全书》版本，参酌北京燕山出版社2009年11月第3版。

《大学　中庸》

大学：以朱熹《四书集注》为蓝本，参酌《阮刻十三经》注疏本，参考中华书局2016年1月第1版。

中庸：以朱熹《四书集注》为蓝本，参酌《阮刻十三经》注疏本，参考中华书局2016年1月第1版。

本丛书以明清书刊版本为主，经文和注音均参考诸家版本严加考证，尽量参酌最新研究成果而编订，以求最善。

后　记

在10多年的基础教育教研生涯中，一直找不到一套理想的蒙学读本。看了很多，也比较了很多，总觉不尽如人意，因此，早在2010年就想自编一套教材，开始试着编了几册简繁篆三体字对照读本，由于种种原因而最终搁浅。经过多年对蒙学书籍及古人识字方法再三研究，系统梳理了历朝历代的蒙学教材后，又产生了重新编撰的念想，在同道和家长的促进推动下，经过多次审思酝酿、编订修改，众人期待已久的"蒙学精要简繁篆三体字丛书"终于与广大读者正式见面了！

国学经典是民族的血脉，中华儿女的精神家园，而蒙学教材是教育下一代走向文化传承的初阶。党的十八大以来，党和政府出台了一系列政策，推进中华民族优秀传统文化的传承和发展。2017年初，中共中央办公厅厅、国务院办厅正式印发了《关于实施中华优秀传统文化传承发展工程的意见》，指出：实施中华优秀传统文化传承和发展工程，是建设社会主义文化强国的重大战略任务。把中华优秀传统文化的传承发展，确立为中华民族继往开来，实现伟大复兴的重大文化方略。

优秀文化传统的传承发展，教育好下一代是不可或缺的基础工作。而传统蒙学教材，是对于下一代进行文化启蒙，打好国学基础可资借鉴的精神食粮。为此，本丛书编者对2000年来上起先秦下至民国的1000多种蒙学典籍进行梳理，甄选了一批表现传统文化历史渊源、思想菁华、精神特质的典型篇什，编成这套丛书。这些篇章门类广泛，富于哲理和启迪，是一部寓意深长的蒙学经典集成。丛书所选篇章从识字百科到品行准则，从爱众从善到修业劝学，从勤功惜时到明辨达理，从孝亲尊师到修身立志，从诗词格律到名物典故，上下几千年，纵横数万里，娓娓道来，对于童蒙之年即接受优秀传统文化的浸染熏陶，可以说具有奠基性的价值。

以"三百千"（指《三字经》《百家姓》《千字文》）等为代表的历代启蒙

读物，大多出经入史，集百家之精华，并参以国人的人生哲学、处世方法等，易学易懂，朗朗上口。本丛书选录中国历代蒙学经典名著25种，堪称传统蒙学中影响最大的部分，曾对普及文化知识、加强道德教育发挥过积极作用。选读这些历代蒙学经典，对于提高当下未成年人的国学素养，促进他们道德修养及养成良好习惯大有裨益。

一、丛书亮点

1. 从历朝历代上百种的蒙学读本识字百科、礼仪规训、诗歌音韵、名物典故、儒学要典五大类别中精选出内涵丰富的代表作品，展现了古代中华民族的道德文化体系，对少年儿童一生具有奠基意义和传承价值，可作为私塾学堂、幼儿园和小学低年级的日常教学用书。

2. 简繁篆三种字体对照编排，是本丛书的一大特色，可对比辨析古今三种重要字体，为认识古文字，贯通文字的古今流变打好基础。篆书上承甲骨文、钟鼎文，下接隶书、楷书，是文字源流中重要的过渡性字体，既适合少年儿童学习，也适合一般读者阅读鉴赏。

3. 遵古法教学，可在1~2年内集中认识3000~4000字，通过线上线下指导培训，可轻松过文字阅读关。

4. 高效全息的识字方法和国学经典的修学次第有专家线上线下指导，必将成效显著。

5. 图书、字卡、挂图等教学教具配套应用，轻松有趣，全面高效。

二、五大类别

为了让童蒙少年较容易地掌握经典文本的体例类别，本丛书运用新思维新形式，把5大类10册25种蒙学经典分别加以归类区分，知识结构完善。

识字百科类：开慧启智，识字为先。"三百千"是古代首选的识字课本，流传时间最长，范围最广。《三字经》《百家姓》《千字文》，加起来有2700多个汉字，去掉重复的也绝不会少于2450字，重复率低，集中高效。语言文字是思维的基础，也是所有学科的基础，是我们接受知识的工具，少儿学习成长，阅读求知第一步即要能够断文识字。

伦理训诫类： 伦理道德教育一直是传统启蒙教材的核心内容。现代人要知道如何待人接物、为人处世，务先要明伦知孝，了解五伦十义、五常八德，及时及早施加养成教育，"教子婴孩，教妇初来"即此之谓也。

诗歌音韵类： 这类书的最大特点是既能培养儿童的文学才能，又有利于学生开启悟性，培养高尚志节，尤其有助于儿童陶冶性情，培育感受美和创造美的能力，一举数得。学习和欣赏古代诗词作品，懂得诗词的基本音韵格律要求，诗歌音韵类书熏陶必不可少。

名物典故类： 以社会和自然常识为主的蒙学课本滥觞于唐宋。以天地万物历史文化教育为主的蒙养教材，卷帙浩繁，选取名作，以史为鉴开阔视野，洞明世事，名物典故类书的熏陶必不可少。

儒学要典类：《大学》《中庸》《素书》《孝经》等儒家经典启养心志，崇效楷范，塑造君子人格，涵养儒士精神，是蒙童涵养圣贤格局的一项人生奠基工程。

古代蒙学读本具有纯正母语的文字美、韵律美、叙述美，是中国传统文化教育中的优秀部分。本丛书简繁篆三体对照，最直接的价值就是起到桥梁作用，让少年儿童对中华文字的演变有初步认知，从而引发对中国民族文字语言的关注。古代把"小学"（文字学、音韵学、训诂学）称为传统文化的基础，而以"经史子集"构成的传统典籍是中华文化的核心，是中华民族的灵魂和根。清代大儒张之洞认为："由小学入经学者，其经学可信；由经学入史学者，其史学可信；由经学、史学入理学者，其理学可信；以经学、史学兼词章者，其词章可用；以经学、史学兼经济者，其经济成就远大。"可见语言文字是深入学习，理解传统文化的根基。

因此，培育大批具有中华经典整理与普及潜力的文化传承人，利用现代科技和田野考古新成果对传统典籍校勘清理，对传统文化正本清源并融会贯通，在此基础上吸收其他民族先进的思想、文化与制度，创造出以中华道统为核心的现代文化，具有重要的意义。本丛书采撷古圣先贤的嘉言慧语，蕴含丰富的民族智慧与传统价值，是当代社会可资借鉴的民族精神之源。在全球网络化、经济一体化的今天，把民族文化思想融入到现代蒙养教育中，可让我们的儿童明了家国之源、江山之重、血脉之远，在传统蒙养教育中塑造人格，在潜移默化中找回国人的文化自信，再现古老的文明之光。

　　本丛书的编纂要感谢浙江智盛文化传媒有限公司、深圳市中经智库文化传播有限公司、深圳市福田区华富小学、深圳大同书院给予的全力参与和帮助，而特别要感谢北京人文大学国学院院长蔡恒奇先生百忙之中为本丛书题序，在此深表谢意！由于资源和认知所限，书中疏漏不当之处，诚请方家与读者批评指正。

编　者

2018年10月18日